# 현대 예배와 찬양이란 무엇인가?

### 현대 예배와 찬양이란 무엇인가? What is Modern Worship & Praise
현대 예배와 찬양의 본질을 찾아서

**초판 1쇄 발행** | 2025년 11월 20일

**지은이** | 레스터 루스(Lester Ruth)

**번 역** | 가진수
**펴낸곳** | ㈜글로벌워십미니스트리
**편 집** | 편집팀
**디자인** | 조성윤

**전 화** | (070) 4632-0660
**팩 스** | (070) 4325-6181
**등록일** | 2012년 5월 21일
**등 록** | 제387-2012-000036호
**이메일** | wlm@worshipleader.kr

**판권소유** ⓒ 도서출판 워십리더 2025
값 18,000원

ISBN 979-11-88876-64-8 03230

"도서출판 워십리더는 교회와 예배의 회복과 부흥을 위해 세워졌습니다. 예배전문 출판사로서 세계의 다양한 예배의 컨텐츠를 담아 문서선교의 사명을 감당할 것입니다. 한국교회의 목회자, 워십리더, 예배세션뿐만 아니라 모든 크리스천들이 하나님의 임재를 경험할 수 있도록 열정을 다하고 있습니다."

「이 책의 모든 내용은 저자와의 독점 출간 저작권 보호를 받으므로 어떤 사유로도 무단전재와 복제를 할 수 없습니다.」

(Printed in Korea)

현대 예배와 찬양 신학의 성경적 기초와 본질

# 현대 예배와 찬양이란 무엇인가?
## What is Modern Worship & Praise

"현대 예배와 찬양의 본질을 찾아서"

레스터 루스 Lester Ruth

worship|leader 워십리더

## 차례

**제1장** 신학과 역사적인 관점의 현대 찬양과 예배 (1) ··· 8
하나님의 임재 신학

**제2장** 신학과 역사적인 관점의 현대 찬양과 예배 (2) ··· 26
문화적 적응 신학

**제3장** 신약 성경 예배의 신학 원리 ··· 48

**제4장** 기독교 예배 역사의 신학 원리 ··· 68

**제5장** 삼위일체 예배 신학 ··· 88

**제6장** 예수님의 삶과 사역의 예배 신학 ··· 106
하나님께 영광 돌리는 예배

**제7장** 예수님을 온전한 인간이자 신으로 보는 예배 신학 ··· 126

**제8장** 복음의 이야기를 통해 바라본 예배 신학 ··· 148

제 1 장

# 신학과 역사적인 관점의
# 현대 찬양과 예배 (1)

# 제 1 장
## 신학과 역사적인 관점의 현대 찬양과 예배 (1)

### 하나님의 임재 신학

  기독교 예배에 대한 다양한 신학적인 이해, 특히 우리가 현대 찬양과 예배라고 부르는 형태에 대해 알아보겠습니다. 이에 대한 간단한 소개와 지난 80년 동안의 중요한 신학적인 가르침, 특히 시편 22:3을 강조함으로써 찬양의 경험을 하나님의 임재와 연결시키는 개념을 설명하려고 합니다.

  두 가지 초기 요점을 말씀드리겠습니다. 첫째, 현대 찬양과 예배는 이제 세계적인 현상입니다. 세계 어디를 가든 볼 수 있습니다. 아프리카, 호주, 남미, 영국으로 가 보십시오. 한국에 가면, 물론, 미국에 가면, 홍콩에 가면, 이 예배 방식을 볼 수 있습니다. 저는 또한 40년 전 대학 시절 친했던 친구들과 함께 기타로 찬양을 인도하면서 찬양의 의미를 배웠습니다.

　제가 소개하고자 하는 두 번째 요점은 이것입니다: 80년 전만 해도, 밴드 기반의 기타 중심 예배는 존재하지 않았습니다. 그래서 저는 여러분에게 이 예배 방식을 가능하게 한 하나의 신학을 강조하면서, 약간의 역사적 배경을 알려드리고자 합니다. 그리고 두 번째, 이 예배 방식에 대한 접근 방식을 뒷받침하고 동기를 부여한 또 다른 중요한 신학 노선에 대해서도 설명해 드릴 것입니다. 그러나 이 첫 번째에서는 하나님을 찬양하는 것과 하나님의 임재를 경험하는 것을 연결하는 신학을 강조하고자 합니다.

　먼저, 저는 여기서 강조할 것과 강조하지 않을 것을 구분하려고 합니다. 저는 현대 찬양과 예배를 인도하는 방법에 대한 세부 사항, 특히 음악적 기법에 관한 것은 강조하지 않을 것입니다. 대신, 저는 기독교 예배에 대한 우리의 접근 방식, 특히 이 처음 두 장에서 기타를 기반으로 한 현대 찬양과 예배에 대한 접근 방식에 기반을 둔 아이디어, 신학, 이해에 중점을 둘 것입니다.

　그러면 중요한 신학 중 하나인 시편 22편 3절을 강조하고 하나님을 찬양하는 것과 하나님의 임재를 경험하는 것을 연결하는 신학부터 시작해 보겠습니다. 먼저 시편 22편 3절을 다시 한번 살펴보겠습니다. 영어 번역본 중 하나에는 "당신은 이스라엘의 찬양의 거룩하신 분"이라고 나와 있습니다. 여기서 "거하다"라는 개념은 하나님의 백성의 찬양의 안에 거하시거나 거처를 두신다는 의미입니다. 히브리어 단어와 동사의 의미가 조금씩 달라질 수 있으며, "하나님이 이스라엘의 찬양의 보좌에 앉으셨다"는 내용의 다른 번역본도 있습니다. 어느 쪽이든 찬양의 내용을 하나님의 임재와 강하게 연결하고 있습니다.

## 레그 레이젤(Reg Layzell)

그렇다면 이 신학은 어디에서 비롯된 것일까요? 신학의 발전 과정에서 정확한 기원을 파악하기 어려운 경우가 많습니다. 그러나 이 경우에는 상당히 잘 알 수 있습니다. 초기 오순절 운동에서 신학이 조금씩 유포되고 있었지만, 1946년 1월, 레그 레이젤(Reg Layzell) 목사가 이 신학을 상세하게 발전시키고 다른 사람들에게 가르치기 시작했습니다. 레이젤은 캐나다 동부에 있는 대도시 토론토에서 은퇴한 사업가였으며, 브리티시 컬럼비아에 있는 밴쿠버 근처에서 강연 초청을 받았습니다.

그가 처음 교회에 갔을 때, 상황이 좋지 않았습니다. 모임은 활기차지 않았고, 하나님은 움직이시지 않는 것 같았으며, 사람들은 지루해 보였습니다. 그는 걱정이 되어 다음 날 하루를 금식하고 하루종일 기도하기로 결정했습니다. 그리고 그날 하나님께서 시편 22편 3절을 떠올리게 하셨습니다. 레이젤은 그 성경구절을 생각하면서 교회 건물 전체를 돌아다니며 나머지 시간을 적극적으로 하나님을 찬양하며 보냈습니다. 그날 저녁 집회에서 이전과는 다른 부흥이 일어났을 때, 레이젤은 하나님께서 교회에서 예배를 드릴 때 추구해야 할 중요한 것, 즉 하나님의 임재를 경험하기 위해 하나님을 찬양해야 한다는 것을 그에게 계시해 주셨다고 확신했습니다.

레이첼이 신학을 발전시키면서 두 가지 성경 말씀이 기초가 되었습니다. 첫 번째는 제가 이미 앞에서 언급한 시편 22편 3절입니다. 레이첼은 이 구절을 하나님의 백성이 하나님을 찬양의 마음을 품으면 하나님께서 함께 하신다는 긍정적인 약속으로 보았습니다. 레이첼은 시편 22편 3절을 그렇게 해석했으며, 이 말씀을 또한 히브리서 13장 15절과 연결했습니다. 레이첼은 히브리서 13장 15절 말씀을 우리가 원하든 원하지 않든, 내적으로 이끌림을 느끼든 느끼지 않든, 하나님을 적극적으로 찬양하라는 긍정적인 하나님의 명령으로 해석했습니다. 레이첼은 성경에 분명한 명령이 있음에도 불구하고 사람들이 이끌림을 느끼기 기다리는 것은 잘못되었다고 생각했습니다. 그래서 그는 마음속에 있던 것, 즉 분명한 성경적 약속과 분명한 성경적 명령을 연결할 수 있었습니다. 그리고 그 두 개의 성경 구절은 현대 예배와 찬양의 기초가 되었습니다.

그는 신학을 발전시키면서 여러 사람에게 몇 가지 핵심 사항을 강조했습니다. 그중 하나는 오순절의 원래 날짜를 재해석한 것이었습니다. 레이첼은 예수님이 승천하신 후 제자들이 예루살렘에 앉아 기다리는 데만 시간을 보내는 것이 아니라, 하나님을 적극적으로 찬양하는 데 시간을 보냈다고 가르쳤습니다. 그들이 약속에 순종했기 때문에 하나님은 오순절에 성령을 부어 주신 것입니다. 지금까지 제가 지적한 바와 같이, 레이젤에게 이것은 인간의 의지였습니다. 우리는 기분이 좋든 싫든 하나님을 찬양할 수 있으며, 하나님은 순종과 그분께 대한 찬양과 존경의 의지를 존중하셨습니다. 이것이 레이젤이 강조한 두 번째 기준이었습니다. 세 번째는 레이젤이 가르쳤던 찬양이 영적 무기가 될 수 있다는 것이었습니다. 왜냐하면 하나님이 계신 곳에 하나님이 활동하시기 때문입니다. 하나님의 백성이 하나님을 찬양하면, 하나님은 그 시간과 그 장소에 함께 하십니다. 따라서 찬양은 교회가 영적 무기로 활용할 수 있는 것입니다. 레이젤은 또한 찬양은 맹목적인 순종뿐만 아니라 하나님을 기뻐하는 것이라고 가르쳤습니다. 찬양에는 하나님을 사랑하는 측면이 있습니다. 그것은 교회가 사용해야 하는 비인격적인 도구가 아니라 교회가 적극적으로 하나님을 즐기고 기뻐해야 하는 것입니다.

마지막으로, 레이젤은 찬양의 힘이 부흥, 종교적 부흥을 일으킨다고 가르쳤고, 부흥을 유지하고 지속하기 위해서는 성경적 형식에 따라 끊임없이 찬양해야 한다고 주장했습니다. 이 두 가지가 레이젤이 발전시킨 신학의 핵심이었습니다.

놀랍게도 그의 신학은 전 세계적으로 확산되었습니다. 예배 방식이 전 세계를 지배하기 전부터, 적극적인 찬양과 하나님의 임재를 경험하는 것을 강조하는 이 신학은 전 세계적으로 확산되었습니다. 어떻게 그렇게 되었을까요?

레이젤이 이 신학을 발견하고 2년 후인 1948년에 캐나다 중부, 서스캐처원 주의 작은 마을인 노스 배틀포드에서 발생한 주요 부흥 운동에 단초가 되었습니다. 그리고 사람들이 부흥을 경험하기 위해 캐나다와 미국 전역에서 이 작은 마을로 왔고, 레이젤 자신이 부흥에 적극적으로 참여했기 때문에 그의 신학은 모든 참가자들에게 받아들여져 캐나다와 미국 전역에 퍼졌습니다.

그것은 전 세계에 신학을 전파하는 놀라운 시작에 불과했습니다. 부흥과 찬양의 존재를 연결하는 이 신학은 많은 독립 오순절 교회에 의해 받아들여졌습니다. 그것은 매주 시행하는 예배에 대해 어떻게 생각해야 하는지에 대한 방법을 제공했고, 주일 아침 예배의 기초로서 찬양을 다시 강조하게 되었습니다. 이 독립 교회들은 성장하는 부흥 운동에 연결되어 있었고, 그것은 '늦은 비'라고 불렸습니다. 이 독립 교회들은 곧 전 세계에 선교사를 파견하기 시작했습니다. 그들은 아시아로 갔으며, 남미와 중미로 갔습니다. 그리고 그들은 아프리카로 갔으며, 유럽으로 갔습니다. 레이첼 자신도 곧 초청 연사로 비행기를 타고 전 세계 여러 곳을 다니며, 하나님의 백성이 그분을 찬양의 마음을 가지고 그분을 바라보면, 하나님이 나타나신다는 것을 가르치기 시작했습니다. 곧 기존의 교단에 속한 오순절 교회들도 찬양의 신학과 임재의 신학을 받아들이게 되었고, 하나님을 찬양하는 시간이 늘어나는데 도움을 주었습니다. 이 교회들은 기존의 교단과의 관계보다 찬양의 신학과 찬양의 실천에 최선을 다하는 것이 더 중요하다고 생각했습니다. 그래서 교단을 떠나 찬양의 신학을 따르는 교회와 목회자들이 생겨났습니다.

이 운동은 1950년대와 1960년대 새롭게 등장한 "은사 갱신 운동

(Charismatic Renewal Movement)"에서도 주목받았습니다. 이 운동에서는 침례교, 감리교, 루터교, 성공회, 심지어 로마 가톨릭교 등 다양한 교파의 기독교인들이 성령에 대한 깊은 경험을 했습니다. 그리고 독립적이고 종파적 성격을 띠고 있던 오순절 교회에서 찬양의 중요성을 강조하는 사람들이 은사 집회에서 자주 연설을 했기 때문에, 다른 종파의 운사주의도 곧 이 신학을 받아들이게 되었습니다.

그리고 마침내 찬양의 신학과 실천을 받아들여 학생이나 참가자들에게 가르치는 중요한 기관들이 생겨났습니다. 그리고 그들은 기관을 떠난 후 전 세계에 이 신학을 전파했습니다. 이 전파에 중요한 역할을 한 세 기관은 텍사스주 댈러스에 위치한 CFNI(Christ for the Nations International), 전 세계 선교사들을 지원하는 프로그램인 월드 맵(World MAP)과 이 신학을 받아들이고 채택한 예수전도단(WYAM, Youth with a Mission)입니다. 특히 영향력이 컸던 청년 선교 단체와 한국은 1970년대와 1960년대에 이 신학을 받아들여 전 세계에 전파했습니다.

### 모세의 장막과 다윗의 장막

1960년대와 1970년대에는 찬양의 본질적인 신학이 계속 발전했습니다. 저는 이것을 두 개의 성막 이야기라고 부릅니다.

첫째, 이 신학을 가르치는 사람들 중에는 다윗의 장막을 회복하는 것에 중점을 두는 사람들이 있었습니다. 우리는 종종 모세의 장막을 떠올리기도 하지만, 다윗의 장막을 복원하는 것에 대한 일련의 생각이 발전했습니다. 이 장막의 복원은 예언자 아모스의 말씀과 예루살렘 공의회와 이방인의 교회 수용에 관한 사도행전 15장의 말씀에서 언급되었습니다. 예루살렘 공의회에서 연설자는 아모스 9장 말씀을 인용했습니다.

다윗의 장막을 복원한다는 개념이 의미하는 바는 여러 가지입니다. 첫째, 제사장과 다윗의 장막은 음악가였기 때문에, 그들은 동물을 죽이는 칼이 아니라 악기를 다루었습니다. 다윗의 장막에 있던 모든 제사장은 음악가였기 때문에, 제물로 바쳐진 것은 동물을 희생시키는 것이 아니라 음악이었습니다. 그들은 피를 흘리지 않는 희생이었습니다. 이 성직자인 음악가들, 혹은 음악 사제라고 부르는 것이 더 적절할 수도 있겠지만, 그들은 다윗의 장막에서 찬양의 소리가 끊이지 않고 계속 울려 퍼질 수 있도록 그룹으로 편성되었습니다. 그래서 그게 바로 그 장막입니다. 예루살렘에 있는 이 장막은 모세의 장막에서 볼 수 있는 것과 같은 분리된 공간이 있는 것이 아니라, 하나님의 백성 가운데 하나님의 임재의 상징인 언약궤가 있는 하나의 공간으로, 그 공간은 음악을 하는 제사장들에 둘러싸여 있으며, 그들은 24시간 내내 찬양의 제사를 올리고, 그것을 위해 많은 새로운 노래를 쓰고 만들고 있습니다. 이 노래들 중 많은 부분이 우리가 알고 있는 시편 또는 시편집에 보존되어 있습니다. 따라서 다윗의 장막을 복원하는 것에 대한 강조는 중요한 발전의 한 줄기였습니다.

어떤 사람들은 모세의 장막과 그것을 가르친 사람들을 강조했습니다. 저드슨 콘월(Judson Cornwall, 1924-2005)은 그 대표적인 예입니다. 여러분은 그의 책 중 하나를 한 번쯤 읽어 보셨을 것입니다. 그는 바깥뜰과 안뜰, 입구, 성문, 심지어는 성소의 제한 구역과 지성소 같은 독특한 영역을 강조했습니다. 종종 이 신학 분야의 교수들은 이것을 시편 100편 4절과 같은 특정 시편과 연결시킵니다. 이 시편은 "감사함으로 하나님의 문에 들어가며 찬양으로 그 뜰에 들어가라"고 말합니다. 다시 말해서, 모세의 장막을 강조하는 이 가르침은 강력한 건축학적 기반을 가지고 있으며, 하나님의 백성은 감사함에서 찬양의 단계로 나아가고, 결국에는 지성소에서 예배를 드리게 됩니다. 이 가르침은 모세의 장막에서 피 흘리는 희생이 수반되었기 때문에, 갈보리와 예수 그리스도의 피 흘리는 희생이 하나님 앞에 나아갈 수 있는 길, 즉 우리가 하나님의 임재 안으로 들어갈 수 있는 중재의 길이라고 강조했습니다. 다윗의 장막과 모세의 장막이라는 이 두 가지 신학은 서로 엄격하게 반대되는 것이 아니었습니다. 저는 단지 1960년대와 1970년대의 두 가지 발전 방향을 나타내기 때문에 이 두 가지를 강조하고 있습니다. 그리고 이 두 가지는 함께 중요한 변화, 특히 일상적인 관행의 변화를 가져오는 데 도움이 되었습니다.

그러나 이러한 실천의 변화에 대해 이야기하기 전에, 모세의 장막을 기반으로 한 사고의 흐름을 시각화한 것을 보여드리겠습니다. 보시는 것처럼, 이 흐름은 감사의 표현에서 찬양의 표현으로, 그리고 성소에서의 예배로 발전해 나가는 것을 볼 수 있습니다. 이 특별한 예는 미국 인디애나주 사우스벤드에 사는 작가 루스 앤 애쉬튼(Ruth Ann

Ashton)이 1993년에 쓴 책에 나오는 것입니다.

이 두 가지 가르침의 신학적인 발전이 교회 예배에 미친 영향은 다음과 같습니다. 1940년대와 1950년대, 그리고 1960년대 초에 부흥 운동에 참여한 사람들이 강조했던 원래의 접근 방식은 찬양만을 강조했습니다. 그래서 하나님의 임재는 찬양의 기간이 길어질수록, 그 찬양이 말로 표현되든 노래로 표현되든 상관없이 연관될 수 있었습니다. 그리고 실제로 많은 교회에서, 예배를 드리기 위해 본당에 모이기 전에, 가장 헌신적인 성도들이 따로 모여서 30분에서 45분 동안 개인적인 찬양의 시간을 가집니다. 이들이 모이는 방은 오랜 시간 동안 하나님의 찬양의 소리로 가득 찹니다. 그리고 오랜 시간이 지난 후에 그들은 본당으로 들어가 때로는 말로, 때로는 노래로 찬양의 시간을 가졌습니다. 그리고 이러한 찬양의 시간이 어떻게 진행되어야 하는지에 대한 엄격한 규칙은 없었습니다. 매우 자유롭고 자발적이었으며, 주일마다 많은 일들이 일어나고 많은 것들이 바뀌었습니다.

그러나 다윗과 모세의 두 장막을 기반으로 한 두 가지 사고방식의 발전에 중점을 두면서, 1960년대와 1970년대, 그리고 1980년대에는 실제적인 표준화가 이루어지기 시작했습니다. 그리고 몇 가지 측면이 있었는데, 첫째, 찬양의 여러 유형이 찬양에 대한 일곱 가지 다른 히브리어 단어를 강조하는 가르침에 의해 명확해졌습니다. 특히 다윗의 장막에 근거한 가르침의 맥락에서 모든 제사장이 음악가라는 사실에 대한 강조는 음악적이고 노래하는 찬양의 시간이 길어졌다는 사실에 집중하기 시작했습니다. 이 시간은 음악가들이 이끌었고, 아무나 할 수 있는 것이 아니었으며, 개별적으로 행해진 것이 아니었습니다. 그리고 시편 104편에 근거한 시간 관리 방법과 다양한 유형의 노래, 그리고 아마도 다양한 유형의 찬양을 통해 발전하는 방법에 대한 모델이 개발되기 시작했습니다. 음악가들은 단순히 노래를 부르는 사람이 아니라 예배 인도자가 되었습니다. 미국과 캐나다에서 예배 인도자라는 용어가 처음 사용된 것은 1970년대 말과 1980년대 초반으로, 장막을 기반으로 한 이러한 사고 방식 중 하나를 강조하는 사람들로부터 유래되었습니다.

따라서 예배 인도자의 임무는 사람들을 하나님의 임재로 인도하거나 안내하는 것이었습니다. 그리고 그곳에서 모세의 장막의 건축적 배경을 볼 수 있습니다. 음악이 중요해졌을 때, 하나님의 임재를 분별하는 경험을 방해하지 않도록 좋은 흐름을 유지하는 것에 대한 관심 또한 찬양과 예배 사이에 분명한 구분이 이루어지기 시작했습니다. 예배는 교회에 다니는 사람들이, 즉 예배자들이 하나님의 임재를 경험한 후에 하는 것이라고 생각했습니다. 1960년대, 1970년대, 1980년대에 이어진 발전의 마지막 단계로서, 시편은 다윗과 다윗의 예전을 강조하는 데 사용되었습니다. 예를 들어, 시편에 나오는 예와 참고 자료에 따르면 손을 드는 것이 적절하다는 점이 강조되었습니다.

1980년대에는 이런 모든 것들이 한 가지 신학이나 다른 신학, 때로는 두 가지 신학의 융합을 통해 널리 퍼졌습니다. 그것들은 공통의 영역에서 사용되었습니다. 어떤 사람들은 자신이 취합할 것을 골라 선택하기도 했으며, 1980년대에는 이러한 모든 생각들이 융합되기 시작했습니다.

그러면 이 모든 것을 간단히 평가해 보겠습니다. 저는 찬양의 신학과 임재의 신학이 여러 면에서 도움이 된다고 생각합니다. 첫 번째는 찬양의 절대적 중심성을 강조한다는 것입니다. 앞서 언급했듯이, 저는 예배의 역사를 연구하는 사람으로서 20세기에 걸쳐 기독교인들이 주일 아침에 모여 예배를 드렸을 때 어떻게 예배를 드렸는지를 살펴보았습니다. 우리가 예배라고 부르는 이것을 특징짓는 것은 무엇일까요? 그리고 저는 2천 년 동안 기독교인들을 조사한 결과, 하나님의 찬양, 하나님을 공경하고, 하나님이 누구신지, 하나님이 행하셨고 행하실 놀라운 일들을 인식하는 것이 교회에 모일 때의 중심 활동이라는 것을 자신 있게 말할 수 있습니다. 놀랍게도 때때로, 그 강조는 교회 사람들이 예배에 모일 때 하는 중심적인 일이 아니게 되었습니다. 그리고 그것은 20세기 중반까지 오순절 교회를 포함한 대부분의 개신교 예배였습니다. 그래서 1940년대 후반 캐나다의 레그 레이젤(Reg Layzell)이 제시한 신학은 찬양의 중심을 강조하는 데 도움이 되었습니다.

둘째, 이 신학은 하나님의 임재를 갈망하는 것이 적절하고 합당하다는 것을 강조하는 데 매우 도움이 되었습니다. 하나님이 그의 백성과 함께 하시고 그들 가운데 거하실 것을 약속하신 것은 성경 전체에 걸쳐 공통된 주제입니다. 이 약속은 하나님께서 이스라엘 민족을 처음 부르셨을 때로 거슬러 올라갑니다. 그리고 이 약속은 요한계시록의 마지막 장까지 이어집니다. 놀랍게도, 기독교인들은 때때로 그것을 잊어버립니다. 예배에 참석하면, 보통 일차원적으로 생각하게 됩니다. 즉,

우리가 생각하는 모든 것이 거기에 있고, 우리가 생각하는 모든 일이 여러분의 머릿속에서 눈으로 즉시 볼 수 있는 일이라고 생각하기 쉽습니다. 하지만 더 큰 도전은 믿음의 눈으로 보고 사람들 가운데 계신 하나님의 임재를 깊이 분별하는 것입니다.

   솔직히 말해서, 주일 아침에 일어나면 아이들은 싸우거나 투정 부리고, 여러 가지 걱정거리가 머릿속에 가득합니다. 예배당에 앉아 있으면, 내 옆에 앉은 사람이 나와 약간 의견이 맞지 않는 사람입니다. 찬양대가 제대로 부르지 않습니다. 이런 곳에서 하나님이 계실 거라고 생각하는 것은 정말 말도 안 되는 생각입니다. 하지만, 하나님은 계십니다. 찬양과 임재를 강조하는 이 신학은 하나님께서 어떻게 그분의 백성과 함께 하겠다고 약속하시는지를 우리에게 보여줍니다. 그것은 우리와 아무 관련이 없는 약속이 아니라 하나님의 약속입니다. 그것은 머릿속에서 우리에게 말하고 있는 것과는 상관없이, 하나님의 백성 가운데 임재하심을 약속하시는 하나님의 약속을 다시 강조하는 것입니다.

   그러나 저는 여기서 주의가 필요하다고 말하고 싶습니다. 이 신학이 도움이 되지 않는 경우가 있습니다. 그 이유는, 레그 레이젤까지 거슬러 올라가면, 우리가 하나님을 임재로 이끌 수 있다는 매우 강한 인식이 있었기 때문입니다. 임재하게 하는 것이 하나님의 선택이 아니라는 것과 하나님을 임재하게 하는 것은 우리의 활동이라는 주장입니다. 이것은 교회에서 때때로 저지르는 작은 실수이자 오류입니다. 하나님의 임재를 불러올 수 있다는 가르침의 변형이 교회의 역사에서 700, 800, 900, 심지어 1,000년 전까지 거슬러 올라갑니다.

문제는 욥기를 읽을 때, 하나님은 매우 주권적이라는 것입니다. 하나님은 하나님이 임재하기로 선택한 곳에 임재하실 것입니다. 그리고 저는 제가 기타나 키보드에서 연주할 수 있는 기름 부음 받은 화음 진행이 하나님께서 임재하실 수 있도록 강요한다고 생각하고 싶지 않습니다. 물론, 저는 이러한 가르침을 강조하는 모든 사람들이 그런 실수를 저질렀다고 말하는 것은 아닙니다. 그러나 때때로 우리가 하나님을 임재하게 할 수 있다는 생각이 분명 존재합니다. 만약 여러분이 그런 실수를 저질렀다면, 돌아가서 성경 전체, 특히 욥기와 예언서를 읽어보시기를 권합니다. 그러면 하나님께서 임재하셔야 하는 이유를 알게 될 것입니다. 하나님께서 임재하시는 것은 우리가 그렇게 하라고 하시기 때문이 아니라, 하나님께서 임재하기로 선택하셨기 때문입니다.

현대 찬양과 예배는 전 세계에서 볼 수 있는 세계적인 현상입니다. 그리고 놀랍게도, 80년 전만 해도 그랬던 것은 아닙니다. 이 놀라운 발전의 원천인 이 현상의 원동력은 신학적인 것입니다. 그리고 그 원천 중 하나는 하나님을 적극적으로 찬양하는 것과 하나님의 임재를 경험하는 것을 연결하는 신학입니다. 그 신학은 1940년대 후반 캐나다의 한 목사에 의해 시작되었고, 몇 가지 추가적인 발전과 신학적인 발전, 그리고 다윗의 장막이나 모세의 장막에 대한 신학을 결합하여 전 세계에 전파된 부흥 운동과 연결되었습니다. 그와 같은 장막절에 대한 강조로 인해 찬양의 중요성이 커졌고, 교회에서 감사의 찬양을 통해 찬양으로 나아감으로써 우리를 하나님의 임재로 인도할 수 있는 예배 인도자로서 음악가들에 대한 의존도가 높아졌습니다. 그리고 1980년대에는 이 신학, 이 예배 방식이 전 세계적으로 확립되고 안정된 형태를 갖추게 되었습니다.

그러나 저는 여러분에게 작은 비밀을 하나 알려드리겠습니다: 이 모든 것을 가져온 것은 신학적인 동기 때문만은 아니었습니다. 그리고 그것이 다음 장에서 여러분과 나누겠습니다.

# 제 2 장

# 신학과 역사적인 관점의 현대 찬양과 예배 (2)

# 제 2 장
## 신학과 역사적인 관점의 현대 찬양과 예배 (2)

### 문화적 적응 신학

 1장에서 하나님을 찬양하는 것이 어떻게 하나님의 임재를 경험하는 것으로 이어지는지를 강조하는 신학에 대해 이야기했던 것을 기억하실 것입니다. 이번 장에서는 교회의 사도적 사명, 즉 복음을 잘 전하고 그 목적을 위해 예배를 사용하는 것, 그리고 문화에 맞게 예배를 변화시키고 문화의 변화에 대응할 수 있도록 예배를 변경함으로써 가장 효과적으로 예배를 드리는 것에 대해 이야기하고자 합니다.
 현대 찬양과 예배에 숨겨진 이 두 번째 신학적인 측면에 대해 자세히 설명하기 전에, 제가 1장에서 말씀드린 두 가지 사항을 먼저 상기

시켜 드리고자 합니다. 첫째는 현대 찬양과 예배가 이제 전 세계에서 볼 수 있는 세계적인 현상이 되었다는 것입니다. 둘째, 비교적 새로운 현상이라는 것입니다. 80년 전에는 존재하지 않았습니다. 지금 여러분은 80년이 짧은 시간이 아니라고 생각할 수도 있습니다. 그러나 기독교인들이 2천 년 넘게 예배를 드려 왔기 때문에 80년은 상당히 짧은 시간입니다. 따라서 현대의 찬양과 예배는 교회 역사에서 새롭게 등장한 것입니다. 그것은 세계적이고 새로운 현상입니다. 이것이 제가 1장에서 제시한 두 가지 요점입니다.

2장은 현대 찬양과 예배의 발전에 바탕을 둔 두 가지 신학을 강조하는 것입니다. 1장에서 이미 언급했듯이, 찬양의 존재를 하나님의 임재와 연결시키는 것은 특히 시편 22장 3절에 근거한 신학이라는 것을 기억하실 것입니다. 예배에 대한 이해로서의 신학의 두 번째 핵심은 고린도전서 9장 22절이며, 여기서 강조점은 사람들이 복음을 가장 쉽고 효과적으로 들을 수 있도록 예배를 낮은 장벽에 맞추는 것입니다.

고린도전서 9장 22절에 대한 강조와 복음을 잘 전하기 위해 예배를 문화적으로 적용해야 하는 사도적 필요성에 대한 신학을 자세히 살펴보면서 시작하겠습니다.

먼저 고린도전서 9장 22절에 나오는 말씀을 다시 한 번 살펴보겠습니다. 사도 바울이 쓴 성명서에서 사도 바울은 이렇게 말했습니다. "내가 여러 사람에게 여러 모습이 된 것은 아무쪼록 몇 사람이라도 구원하고자 함이니" 이것은 그가 어떤 사람들과 이야기하든 그들을 설득할 수 있도록 자신의 접근 방식을 기꺼이 바꾸겠다는 내용입니다. 그래서 그는 "유대인에게는 유대인처럼, 그리스인에게는 그리스인처럼 되려 합니다"라고 말합니다. 그러나 고린도전서 9장 22절은 그의 전체적인 진술을 담고 있습니다. "나는 모든 사람에게 모든 것이 되려고 합니다. 어떤 방법으로든 사람들을 얻을 수 있기 위해서입니다." 이 신학은 사명과 목적, 그리고 적응하려는 의지에 그 핵심이 있습니다. 그러나 시편 22편 3절에 근거한 최초의 신학과는 달리, 이 신학에는 정해진 하나의 기원이 없습니다. 우리가 지적할 수 있는 단 하나의 인물도 없으며, 언급할 만한 인물도 없습니다. 사실, 이 이론은 200년 동안 널리 퍼져 왔으며, 지지하는 핵심 인물들이 있었지만, 하나의 이론으로 확인할 수 없는 개념입니다. 그리고 첫 번째 신학이 두 장막, 즉 다윗과 모세를 강조하면서 상당한 발전을 보인 것과는 달리, 1960년대와 1970년대 당시에는, 18세기 이후 지난 200년 동안 이 신학에 큰 발전이 없었습니다. 다만 이 두 번째 신학에는 다른 강조점이나 억양이 있었습니다. 여러 나라의 서로 다른 지역에서 온 다른 사람들이 어떤 단어를 조금 다르게 말하고 문장에서 어떤 것을 다르게 강조할 수 있기 때문입니다. 모든 사람이 이 신학을 같은 방식으로 강조하지 않았지만, 200년 동안 이 신학에 큰 변화가 없었습니다.

따라서 저는 지금 여러분에게 200년 동안 유지되어 온 신학의 핵심을 강조하려고 합니다. 첫 번째 측면은 예배를 통해 사람들을 복음화해야 한다는 생각입니다. 예배는 하나님을 영화롭게 하는 것뿐만 아니라 예배를 통해 사람들을 그리스도에게로 인도하고 새로운 기독교인을 만들 수 있습니다. 따라서, 이 신학 분야에서는 하나님에 대한 묵상

만큼이나 사람들에 대한 묵상도 많이 이루어집니다. 저는 이 사람들이 하나님을 믿지 않거나 관심이 없다고 말하려는 것이 아닙니다. 그러나 그들의 연설을 보고 그들의 가르침을 듣고 그들의 글을 읽으면, 그들은 사람들이 누구인지, 어떻게 하면 효과적으로 그들을 설득할 수 있을지에 대해 매우 관심이 많다는 것을 알 수 있습니다.

신학의 두 번째 요점은 언어에 대한 강조입니다: 언어는 중요하며, 이해하기 쉽고 알기 쉬운 언어가 특히 중요합니다. 그리고 이것은 문자 그대로 언어에만 적용되는 것이 아니라, 듣기 쉽고 이해하기 쉬운 구어체로 강조하는 은유적 언어에도 적용됩니다. 그리고 이 신학에 찬성하는 사람들은 음악을 일종의 언어로 강조하는 경우가 많습니다. 따라서 예배에는 현대의 사람들이 쉽게 듣고 이해할 수 있는 음악이 필요합니다.

셋째, 이 신학은 일반적으로 형식과 내용을 구분하여, 성경에 기록된 대로 복음의 내용은 변하지 않지만, 복음의 내용이 표현되는 방식은 매우 유연하다고 말합니다. 따라서 우리는 복음을 가장 효과적으로 표현할 수 있는 방법을 찾기 위해 창의력을 발휘해야 합니다.

그리고 이것이 네 번째 요점입니다. 하나님께서 우리에게 언제든지, 어떤 사람들과도 가장 효과적인 복음 전도와 예배 방법을 찾을 수 있는 자유를 주셨다고 말하는 것입니다. 따라서 일반적으로 지도자들은 사람들과 그들의 문화를 읽고 그들에게 예배를 적용하는 데 중점을 둡니다. 그리고 이것은 문화가 끊임없이 진화하고 변화하기 때문에 결코 멈추지 않아야 하는 과정입니다. 네 번째 요점은 하나님이 창의적인 선택을 존중하고 성공으로 축복하신다는 말로 그 자유를 하나님과 다시 연결하는 것입니다.

그렇다면 그 성공의 특징은 무엇일까요? 그것이 다섯 번째 요점입니다. 성공은 일반적으로 수치로 나타납니다. 숫자가 증가하면 하나님의 축복을 확인할 수 있습니다. 따라서 다양한 형태와 강조점을 가진 이 다섯 가지 요소는 지난 200년 동안 순환해 왔습니다. 지난 60-70년 동안 이 다섯 가지 요점은 현대 찬양의 발전에 특히 중요한 역할을 했습니다.

### 찰스 피니(Charles Finney)

이제 전체적인 신학에 대한 개요를 설명해 드렸으니, 역사적인 몇 가지 사례를 소개해 드리겠습니다. 200년 전인 19세기, 18세기의 사례부터 시작하겠습니다. 첫 번째 사례는 미국의 부흥 운동가인 찰스 피니(Charles Finney, 1792-1875)의 사례입니다. 그는 19세기 전반기에 특히 활발하게 활동했습니다. 피니는 1830년대 부흥에 관한 일련의 강연에서 이렇게 말했습니다.

"그 당시 복음은 종교를 증진하는 중요한 수단으로 전파되었고, 복음에 힘을 실어주기 위해 어떤 조치를 취하고 어떤 형태를 추구해야 하는지 결정하는 것은 교회의 재량에 맡겨졌습니다. 그것이 바로 자유에 대한 강조입니다. 사도들의 사명은 가서 복음을 전파하고 모든 민족을 제자로 삼는 것이었습니다. 그것은 즉, 그들의 사명은 어떤 형태도 규정하지 않았습니다. 그것은 어떤 것도 인정하지 않았습니다. 어떤 사람도 어떤 양식이나 특정 지침을 말하지 않았습니다. 여러분이 할 수 있는 최선의 방법으로 하십시오. 하나님께 지혜를 구하십시오. 하나님께서 여러분에게 주신 능력을 사용하십시오. 성령의 인도를 구하십시오. 앞으로 나아가십시오. 이것이 사도들에게 주어진 사명이고, 그 목적입니다. 그것이 그들의 목표입니다. 사도들의 목표는 복음을 가장 효과적인 방법으로 알리고, 진리를 눈에 띄게 강조하여 최대한 많은 사람들의 관심과 순종을 얻는 것이었습니다. 성경에는 이 일을 수행하는 방법에 대한 어떠한 형태도 제시되어 있지 않습니다. 복음을 전파하는 것이 가장 중요한 일입니다. 그 형태는 중요하지 않습니다."

여러분은 여기에서 형태와 내용의 차이를 신학의 기초로 삼는 피니의 모습을 볼 수 있습니다. 그의 주장은 교회가 자유를 누리고, 적응할 수 있고, 창의적이어야 하며, 언제 어디서나 복음을 가장 효과적으로 전달할 수 있는 예배 방식을 찾아야 한다는 것입니다. 여러분은 피니의 신학에서 많은 표준적 요소를 볼 수 있습니다. 그러나 19세기에 이 신학을 주장한 사람은 피니만이 아니었습니다.

### 캐서린 부스(Catherine Booth)

그를 주목했던 사람인 캐서린 부스(Catherine Booth, 1829-1890)

는 이러한 많은 요점을 명확하게 표현했습니다. 그리고 사실 저는 이러한 사고방식의 핵심 요소를 종합적으로 제시한, 특히 예배에 대한 급진적인 창조적 변화를 가져온 사람으로서 부스를 특히 중요하게 생각하고 있습니다. 부스는 영국 구세군 공동 설립자로서 그녀의 일에서 이것을 수행했습니다. 그리고 피니가 쓴 글이 나온 지 약 반세기 후인 1879년에 그녀는 이렇게 썼습니다. "사람들이 우리 교회의 예배를 딱딱하고 형식적이며 흥미롭지 않은 일과로 여기게 된 것은 사실입니다. 그리고 우리가 그들을 위해 하나님의 청지기 직분을 잘 감당하려면, 우리는 협소한 생각에서 벗어나 그들에게 모든 것이 되어야 합니다." 여기서 부스는 이 신학의 주요 요점을 현재의 예배, 즉 전통적인 예배가 사람들에게 흥미롭지 않고 지루하다는 인식과 연결합니다. 그래서 그녀는 우리가 하나님과 함께 일하는 일꾼이 되어야 한다고 주장합니다. 우리는 창의적이어야 하고, 지금 이 순간 사람들에게 복음을 효과적으로 전파할 수 있도록 예배를 바꿔야 한다고 말합니다.

 그래서 그녀는 두 번째로 이렇게 씁니다.

"적응은 우리가 고려해야 할 중요한 요소입니다. 하나의 방법이 실패하면, 우리는 다른 방법을 시도해야 합니다. 하나님은 그렇게 하십니다. 하나님이 어떻게 적응을 다시 하나님과 연결시키는지 주목하세요. 하나님은 다양한 방법과 섭리의 손길을 통해 사람들을 자신에게로 인도하려고 노력하십니다. 그리고 그분이 일하시는 것처럼, 그분은 우리도 그분과 함께 일하도록 부르십니다."

그녀는 예수 그리스도의 육체 되심이 하나님께서 행하신 가장 겸손한 적응, 즉 위대한 적응이라고 말합니다. 예수님에 대해 이야기하면서, 그녀는 우리가 교회로서 누리는 이 자유를 예수 그리스도 자신과 연결시킵니다. "예수 그리스도께서는 우리가 시대에 가장 적합한 조직을 제공할 수 있도록, 공기처럼 자유롭게 남겨두셨습니다. 신약 성경 전체에는 관료주의가 조금도 없습니다" 그녀가 말하는 '관료주의의 조금'이란, 변하지 않는 엄격한 관료주의의 유지를 의미합니다. 그녀는 교회가 발걸음을 가볍게 하고, 변화하고, 창의적이어야 하며, 가능한 한 많은 사람들과 언제 어디서나 가장 효과적인 예배 방법을 찾아야 한다고 말합니다.

그러므로 부스의 주장들을 통해 이 신학의 주요 요점을 요약할 수 있습니다: 고린도전서 9장 22절에서 사도적 적응성의 개념을 살펴보고, 특정 시간과 장소에 우리 가운데 임재하고자 하는 기꺼운 마음으로 겸손한 그리스도의 비전과 연결시켜 볼 수 있습니다.

셋째, 예배가 지루하다는 사람들의 인식 때문에 그 격차를 극복해야 한다는 절박한 필요성을 느꼈습니다. 그 필요성이 바로 그 원천이었습니다. 그리고 넷째, 그녀는 그 격차를 극복하고 현대인의 마음을 사로잡을 수 있는 예배를 만들고, 그 예배를 통해 효과적으로 복음을 전할 수 있도록 예배 방식을 지속적으로 발전시키고자 하는 의지를 가지고 있었습니다.

### 에이미 샘플 맥퍼슨((Aimee Semple McPherson)

20세기인 1900년대로 조금 넘어가서 그 시대의 몇 가지 예를 살펴보겠습니다. 제가 여러분께 말씀드리고 싶은 첫 번째 인물은 포스퀘어 복음교회(International Church of the Foursquare Gospel, ICFG)의 미국인 설립자인 에이미 샘플 맥퍼슨((Aimee Semple McPherson, 1890-1944)이라는 여성입니다. 맥퍼슨이 등장하는 사진 중에는 그녀가 자주 여자 경찰 제복을 입고 있는 사진을 볼 수 있습니다. 그녀가 캐서린 부스(Catherine Booth)와 얼마나 닮았는지 주목해 보시기 바랍니다. 맥퍼슨이 나중에 오순절파가 되어 포스퀘어 복음교회를 시작했지만, 사실 그녀는 구세군에서 자랐기 때문에 이 사실은 전혀 놀랍지 않습니다. 그러나 맥퍼슨은 1927년에 이렇게 썼습니다. "종교를 전파하는 데 자주 사용되는 방법은 너무 구식이고, 너무 고루하며, 너무 생명이 없어 사람들의 관심을 끌지 못했습니다." 그녀는 전통적인 예배가 효과도 없고 흥미롭지도 않다는 생각에 공감하는 많은 사람들에 대한 관심을 가지고 있었습니다. 그래서 그녀는 이렇게 말합니다. "저는 수십만에서 수백만 명의 사람들이 결코 오지 않았을 장소에 오도록 하는 방법을 개발했습니다." 그녀는 계속해서 말합니다. "오늘날 교회가 부흥하려면 현대적인 방법을 활용해야 합니다. 방법은 세월이 흐르면서 변하지만, 교회의 본질은 항상 동일하게 유지됩니다." 그녀는 다른 곳에서 보았던 것과 같은 형태와 내용이 달라야 함을 강조합니다. 복음의 내용은 동일하게 유지될 수 있지만, 기독교 예배에서 표현되고 들리는 형태는 변화해야 한다는 것입니다. 그리고 실제로 그녀는 예수 그리스도의 사역을 어떻게 바라보느냐에 따라 이것을 이해할 수 있다고 말합니다. "오늘날 그리스도가 살아 계셨다면, 그분은 석유와 비행기에 관한 현대적인 비유를 설교했을 것이라고 생각합니다. 여러분과 제가 이해하는 것 말입니다."

그 시점에서 그녀가 이해한 것은 그리스도께서 스스로 적응력이 뛰어나셨다는 것이었습니다. 그녀는 경찰이 과속하는 운전자를 어떻게 제지하고, 과속의 위험성에 대해 경고하고, 심지어는 향후 과속을 방지하기 위해 벌금까지 부과하는지에 대한 비유를 들었습니다. 그녀는 이렇게 말했습니다. "저는 복음의 경찰관입니다. 여러분이 지옥으로 향하는 속도를 줄이도록 경고하러 왔습니다." 그녀는 경찰관 복장을 하고 설교하면서 경찰 오토바이를 예배 강단 위에 가져왔습니다. 그녀는 이와 같은 창의적인 아이디어를 많이 가지고 있었고, 이와 같은 아이디어가 당시 수많은 사람들을 교회로 끌어들이는 데 큰 역할을 했습니다. 이 교회는 로스앤젤레스 북쪽에 위치해 있었는데, 영화가 제작되던 할리우드와 가까운 곳이었습니다. 초기 영화 산업에 종사하던 많은 사람들이 이 교회의 일원이었고, 사람들이 당시 매우 흥미롭게 여겼던 정교한 연출을 이 교회가 무대에 올리는 데 도움을 주었습니다.

## 토리 존슨(Torrey Johnson)

맥퍼슨의 이야기를 마치고, 두 가지 중요한 발전에 대해 말씀드리겠습니다. 첫 번째는 청소년을 표적으로 삼는 것이고, 두 번째는 예배, 전통적인 예배가 사람들에게 지루하다는 인식이 커지고 있다는 것입니다. 이러한 발전은 지난 반세기 동안 현대 찬양과 예배의 발전을 촉진하는 데 도움이 될 것입니다.

먼저, 청소년을 표적으로 삼는 것에 대해 이야기해 보겠습니다. 이것은 적어도 미국과 세계의 다른 지역에서 20세기 중반에 시작되었습니다. 그리고 1947년부터 미국에서 청소년을 위한 그리스도 운동의 지도자였던 토리 존슨(Torrey Maynard Johnson, 1909-2002)의 말을 인용해 보겠습니다. 그는 유명한 전도자 빌리 그레이엄(William Franklin Graham, 1918-2018)과 함께 초기 사역에서 그리스도의 청년들과 함께 활동했습니다. 존슨의 말을 살펴보겠습니다. 이 말을 보면 이 사고방식의 특징을 잘 알 수 있습니다. 그는 이 일이 하나님께서 주신 일이라고 말하는 것을 볼 수 있습니다. 왜냐하면 그 일이 어떤 결과를 가져왔기 때문입니다. "우리가 아는 것은 하나님께서 이 일에 함께하셨고, 많은 영혼의 구원에 축복이 되었다는 것입니다." 많은 사람들에 대한 미묘한 언급을 주목하시기 바랍니다. 존슨은 계속해서 이렇게 말합니다. "우리는 이것이 죄와 불신앙에 대한 하나님의 응답이라고 믿습니다." 그는 이렇게 썼습니다. "2천 년 동안 하나님의 뜻을 행하고자 하는 사람들은 그들의 방법에서 진보적, 또는 창조적 또는 적응적이라는 사실이 밝혀졌습니다." 그런 다음 그는 몇몇 중요한 역사적 인물들을 강조합니다. 그러나 특히 그는 "그와 함께, 사도 바울이 당대에 가능한 모든 수단을 활용했던 방식을 살펴보면서, 그리스도 청

년 지도자는 그들이 길을 개척하고 오늘날의 군중의 필요을 충족시킬 수 있는 용기를 찾고자 합니다"라고 마무리합니다.

### 랄프 카마이클(Ralph Carmichael)

그리고 존슨만이 20세기 중반에 청소년을 표적으로 삼은 것은 아니었습니다. 두 번째 예를 들어 보겠습니다. 랄프 카마이클(Ralph Carmichael, 1927-2021)은 1940년대부터 특히 많은 작품을 남긴 미국의 작곡가였습니다. 그러나 1960년대에는 특히 청소년을 표적으로 삼아 그들을 위한 음악을 작곡하기 시작했습니다. 1960년대와 1970년대 초반의 많은 젊은이들이 랄프 카마이클의 음악을 통해 기독교적 내용을 민속 음악이나 록 음악에 더 가까운 음악 형식으로 들을 수 있게 되었습니다. 카마이클은 당시 매우 급진적이었습니다. 1967년에 그는 이렇게 말했습니다.

"우리가 공유해야 하는 메시지는 시대를 초월하고 변하지 않습니다. 그러나 변화하는 세상에 전달하려면 미디어도 끊임없이 변화해야 합니다. 리듬, 음조, 화성, 프레이징에 대한 새로운 개념과 최첨단 기술 및 사운드 재생은 물론, 가사 언어의 지속적인 진화도 고려해야 합니다. 이 모든 것들이 변화에 대한 예리한 인식과 관련성을 유지하기 위한 방법과 수단을 찾는 것을 필수로 만듭니다."

복음의 내용은 변하지 않지만, 예배의 형식은 변해야 한다는 그의 강조에 주목하시기 바랍니다. 사람들은 그가 하는 일에 대해 의사소통의 제단에서 제물을 바치고 있다고 비난했습니다. "글쎄요," 카마이클은 말했습니다. "그 말이 바로 맞습니다." 왜 그는 그것에 대해서도 죄책감을 느끼지 않았을까요? 그가 주장한 것처럼, "그리스도께서는 의사소통의 제단에서도 희생을 치르셨다고 생각합니다. 그분은 피를 흘리시고, 목숨을 잃으시고, 침을 뱉으시고, 저주를 받으시면서, 온 세상의 추악한 죄를 짊어지는 영혼을 산산 조각내는 경험을 하셨습니다. 세상에 하나님의 사랑을 전하기 위해 그분은 상당한 희생을 치르셨습니다." 카마이클의 요지는 이렇습니다. 교회가 그 시대와 장소의 언어로, 그 시대의 음악적 언어로 예수 그리스도의 사역을 공유해야 한다는 것입니다. 그래서 카마이클은 이 신학을 예수님과 예수님이 사역을 수행하신 방식에 뿌리를 두고 있습니다.

1965년에 개봉된 영화의 한 장면에서 이 관점을 잘 보여주는 예가 있습니다. 이 영화의 음악을 작곡한 사람이 바로 카마이클입니다. 이 영화의 배경은 해변입니다. 해변에 모인 십대들이 모닥불 주위에 둘러앉아, 베이스, 어쿠스틱 기타 두 대, 밴조로 구성된 작은 포크 콤비가 이 영화로 유명해진 노래를 부르고 있습니다. "He's Everything to Me(별빛 속에 빛나는 주님)"입니다. 1960년대 많은 젊은이들이 빌리 그레이엄 협회에서 제작한 이 영화를 보면서, 기독교 음악이 오르간이나 피아노가 아닌 다른 악기로도 연주될 수 있다는 사실을 처음 알게 되었습니다. 지난 20-25년 동안 우리가 경험한 것을 고려할 때, 지금

이 영화가 매우 평범한 영화로 느껴질 수도 있습니다. 그러나 1965년 당시에는 많은 사람들에게 영향을 미친 매우 급진적인 발전이었습니다.

20세기 중반에 나타난 두 번째 요소에 대해 말씀드리겠습니다. 이 시대에는 청소년들이 표적이 된 것뿐만 아니라, 감리교나 장로교와 같은 전통적인 교단들에서 예배 자체가 사람들에게 지루하다는 인식이 특히 강조되었습니다. 전통적인 형식은 더 이상 사람들에게 호소력이 없다는 인식이 있었고, 따라서 우리는 변화해야 한다는 것이었습니다. 우리는 예배가 사람들과 소통할 수 있도록 우리가 하는 일을 바꿔야 합니다. 예배가 현대인들과 소통하지 못한다는 의견을 가진 사람의 예를 보여드린 후에, 이 의견에 찬성하는 한 사람을 보여드리겠습니다. 그리고 이 인용문에서 몇 가지 요점을 확인할 수 있습니다. 예배는 점점 더 문제가 되고 있습니다. 신실한 신자들은 예배가 공허하거나 무력하다고 생각합니다. 소외된 신자들은 예배가 가짜라고 생각합니다.

"… 문화가 변화함에 따라 교회는 이전의 창의적인 시대에서 등장한 형태를 보존하고, 교회는 그 형태를 그대로 유지합니다. 그러나 다른 문화적 맥락은 원래의 의미를 흐리거나 숨깁니다. 이상하게도 형태가 모호할수록 더 신성하게 여겨지는 경향이 있습니다. 결국 문화적 차이는 너무 커져서 신뢰의 틈이 생깁니다. 사람들은 그 영이 말하지 않는다고 말하거나, 그 영이 다른 사람에게 말한다고 말하게 됩니다."

### 제임스 F. 화이트(James F. White)

1969년에 이 글을 쓴 저자는 당시 널리 퍼져 있던 의견을 지적하고 있습니다. 창의성이라는 관점에서 이 문제를 다루려고 시도한 사람이 바로 이 사람, 제임스 F. 화이트(James F. White, 1932-2004)입니다. 그는 미국의 예배 역사학자였으며 예배의 현대화를 지지했습니다. 그는 1971년에 다음과 같이 썼습니다. "기업이 제조하는 제품에만 관심을 기울일 수 없는 것처럼, 교회도 그들이 행하는 예배의 단일 형태에만 관심을 기울일 수 없습니다. 대신에 교회는 예배를 새롭게 하고 다양한 사람들을 위한 다양한 형태의 예배를 창조하기 위해 하나님께서 주신 모든 창의성을 발휘해야 합니다." 화이트가 1971년에 이것을 어떻게 표현했는지 살펴보겠습니다. "사회가 분열되고 있다는 것은 지금의 사람들과 진정으로 관련이 있고, 그들에게 의미 있는 존재가 되려면 모든 사람에게 모든 것이 되어야 한다는 것을 의미합니다." 그가 고린도전서 9장 22절에 대한 언급을 어떻게 암시하는지 주목하시기 바랍니다. 화이트는 계속해서 말합니다.

"우리는 사업가들이 말하는 제조업적 사고방식을 제공해 왔습니다. 우리는 제품을 생산한 다음 그것을 가져갈 사람을 찾았습니다. 이제 우리는 마케팅적 사고방식이 필요합니다. 제조업적 사고방식으로 운영되는 기업은 경쟁자들이 사람들이 정말로 원하는 것을 생산할 수 있기 때문에 생존하기 어렵습니다. 그러나 이것이 바로 교회의 사고방식입니다. 마케팅의 정신은 사람들이 원하고 필요로 하는 것을 찾아내고, 그 필요를 충족시키기 위해 노력하는 것입니다."

이 유연성이 바로 그가 주장하는 것입니다. 화이트는 계속해서 말합니다. "우리 교회의 목회 규범은 오늘날 교회에 있는 다양한 사람들과 그들의 다양한 삶의 조건을 인식해야 할 필요성을 강조합니다. 이것은 거의 자동으로 더 많은 종류의 예배 유형을 선택해야 한다는 것을 요구합니다." 그가 현대 찬양과 예배의 지지자가 될 수 있는 이유를 알 수 있습니다.

1960년대와 1970년대부터 이 신학에 대한 적응과 활용을 주장하는 사람들은 네 가지를 주장해 왔으며, 이 모든 것이 현대 찬양의 발전에 기여했습니다. 첫째, 그들은 모든 성경의 번역본, 기도에서 사용되는 언어, 설교와 예배의 다른 부분에서 사용되는 언어를 포함해 모든 언어의 갱신을 주장했습니다. 그들은 기독교 예배에서 구식 언어가 아닌, 더 갱신되고, 더 구어체적이며, 더 이해하기 쉬운 언어를 원했습니다. 둘째, 그들은 예배의 내용이 사람들의 삶과 관심사, 즉 사람들이 실제로 관심을 갖는 것과 관련이 있어야 한다고 주장했습니다. 셋째, 그들은 전통적인 예배의 경직성과 형식성이 사람들과 소통되지 않고, 매력적이지 않으며, 그들을 그리스도에게로 인도하는 데 도움이 되지 않는다고 말하면서 예배에서 더 많은 자유로운 선택을 옹호했습니다. 그리고 마지막 네 번째로 그들은 대중적인 음악 형식의 사용을 강조했습니다. 미국에서 이들은 1960년대와 1970년대부터 특히 예배에서 포크와 록 음악 형식의 사용을 지지한 사람들입니다.

현대 찬양과 예배의 배후에 있는 신학에 대한 평가를 통해 마무리하겠습니다. 문화적 적응 신학이 도움이 된 세 가지 측면이 있습니다. 첫째, 교회는 복음을 전파하고, 사람들을 그리스도에게로 인도하고, 복음화해야 하는 하나님이 주신 사명을 가지고 있으며, 예배를 통해 이 일을 할 수 있다는 것을 인식하는 데 도움이 되었습니다. 둘째, 기독교 예배가 각 민족 집단에 어떻게 적절하게 적용되는지를 강조하는 것이 도움이 되었습니다. 복음이 문화, 시간, 지리적 경계를 넘어 전 세계 사람들에게 전파될 수 있었고, 다양한 사람들이 자신에게 적합하고 진실한 방식으로 예배할 수 있었던 것은 1세기 이후 기독교 신앙의 두드러진 특징 중 하나였습니다. 이 신학은 20세기 중반 이후에 새로운 적응이 필요하다는 것을 주장하고 있습니다. 그리고 셋째, 문화적 적응에 대한 이 신학이 도움이 되는 부분은 사람들에 대한 현실적인 태도를 취하는 것입니다. 고린도전서 9장 22절에 근거한 이 신학은 기독교 예배에 참석하는 모든 사람이 세례(침례)를 받고 믿음을 가진 기독교인이라는 사실을 인정하는 데 현실적입니다. 따라서 환대의 문제로, 우리는 다른 사람들에게 주의를 기울일 필요가 있습니다.

그러나 신학이 도움이 되지 못한 부분을 지적하고자 합니다. 극단적으로 말하면, 이 신학은 기독교 예배의 모든 형태에 공통적으로 적용되는 진리, 예를 들어 기독교 예배의 본질적인 내용의 충만함 등에 대해 충분히 질문하지 않습니다. 따라서 매우 비정상적이거나 기이한 예배를 드리게 되거나, 기독교 예배의 본질적인 내용의 실질적인 측면을 놓치게 됩니다. 예를 들어, 자신 외에는 누구를 위해서도 기도하지 않는 이런 신학 방식의 예배에 참석하는 경우가 있을 수 있습니다. 또는 때때로 복음을 전하는 데 너무 집중하는 나머지 예배에서 기도가 거의 없는 경우도 있습니다. 마찬가지로, 복음의 전체적인 측면이 다루어지지 않는 경우도 있습니다. 이런 관련성 신학을 지나치게 강조하는 교회에 참석하면 부활에 대한 이야기를 전혀 듣지 못할 수도 있습니다. 그 이유는 그 예배를 계획한 사람들이 그리스도의 부활과 우리 자신의 육체적 부활을 어떤 관련이 있다고 생각하지 않았기 때문입니다. 저는 자주 참석하는 예배나 모임에서 필수적인 기독교적 예배 활동이 부족할 뿐만 아니라 복음의 충만함도 결여되어 있는 것을 경험합니다.

마지막으로 한 가지 더 말씀드립니다. 제가 1장과 2장에서 역사적으로 사용된 두 가지 신학에 대해 강조하고 기록한 내용을 살펴보면서, 신약 성경을 사용하여 기독교인들이 어떻게 예배해야 하는지에 대한 구체적인 내용을 설명한 부분이 없다는 것을 주목해 보시기 바랍니다. 시편 22편 3절에 나오는 임재를 바탕으로 한 첫 번째 신학은 구약 성경을 광범위하게 사용했습니다. 신약 성경을 언급하고 있는 두 번째 신학 또한 기독교 예배와 신약 성경에 대한 세부 사항이나 구체적인 내용을 찾을 수 없다고 말합니다. 따라서 우리는 여전히 답을 찾지 못한 채로 남아 있습니다. 우리는 어디에서 설득력 있고 유익한 예배에 대한 이해를 찾을 수 있을까요? 그리고 그것이 제가 앞으로 진행할 남은 여섯 장에서 다룰 주제입니다. 기독교 예배에 대한 다른 신학적인 이해를 탐구하는 것입니다.

제 3 장

# 신약 성경 예배의 신학 원리

# 제 3 장
## 신약 성경 예배의 신학 원리

    이번 장에서는 신약 성경의 예배에서 신학 원리를 찾는 것에 대해 이야기하고자 합니다. 즉, 기독교 성경에서 볼 수 있는 실제 예배의 예와 모든 기독교 예배의 일반적인 이해 원리를 찾는 것입니다.

    기독교인들은 우리가 글을 쓰기 전에 예배를 드렸습니다. 구약 성경에서 하나님께서 모세에게 시내산에서 하나님의 율법을 아주 자세하게 주셨던 것과는 달리, 신약 성경에서 기독교인들은 글을 쓰기 전에 실제로 예배를 드렸습니다. 그들은 특히 예수님의 부활에 대한 응답으로 예배를 드렸습니다. 그리고 그날 이후로 활발한 예배자들이 되었습니다. 불과 한 세대가 지난, 몇 년 후, 그들은 지금 우리가 신약 성경을 기록하기 시작했습니다. 이것은 신약 성경이 예배에 대해 암시를 하고 있지만, 신약 성경에는 구약 성경처럼 예배에 관한 긴 부분이 없다는 것을 의미합니다. 특히 모세 오경에는 그렇습니다. 신약 성경에는 그리스도인들이 어떻게 예배해야 하는지에 대한 자세한 기록이 없습니다. 신약 성경은 그리스도인들이 예배를 드리고 있다고 가정하고, 예배하는 방식의 일부를 찾을 수 있을 뿐입니다.

실제로, 신약 성경에서 예배에 관한 가장 긴 구절을 생각해 보면, 예배할 때 하지 말아야 할 일의 목록입니다. 신약 성경 고린도전서 11장부터 14장까지가 바로 그 긴 구절입니다. 그리고 기독교 예배에서 발견되어야 할 긍정적인 점들보다는 고린도 교인들이 겪고 있는 문제들에 대해 더 많이 알게 됩니다. 이것이 예배에 관한 기본적인 사실입니다. 신약 성경에 기록될 내용을 기록하기 전에 그리스도인들은 이미 적극적으로 예배하고 있었습니다.

그래서 저는 우리가 그리스도인으로서 신약 성경을 볼 때, 이렇게 하라, 저렇게 하라, 이런 구체적인 지침을 찾는 것이 아니라, 신약 성경에 나오는 특정한 예배 모습들을 통해 그리스도인들이 어떻게 예배하고 있는지를 살펴보는 것이라고 생각합니다. 그리고 우리는 그것으로부터 오늘날 우리를 인도할 수 있는 광범위한 원칙과 신학적인 이해를 찾을 수 있습니다.

### 영광송(doxology)

이 중에서 제가 강조하고 싶은 것은 세 가지입니다. 첫째는 찬양의 우선순위와 적절성입니다. 하나님을 경배하는 것은 좋은 일입니다. 찬양에는 우선순위가 있고, 적절성이 있습니다. 신약 성경에서 이것을 볼 수 있는 예를 들자면, "영광송(또는 송영, doxology)"이라고 불리는 예배 행위입니다. 신약 성경에는 적어도 12개가 있습니다. 그리고 이 중 일부는 사도 바울의 글에서 찾을 수 있습니다. 일부는 베드로의 글에서 찾을 수 있습니다. 유다서라는 작은 편지에도 하나 있습니다. 그리고 요한계시록에 6개가 있습니다. 잠시 이것들을 살펴보도록 하겠습니다. 우선, 로마서 11장을 읽어 보겠습니다. 그러고 나서, 이것들 중 몇 가지 구조와 내용을 모두 살펴보겠습니다. 로마서 11장 33절부터 36절까지. 이것은 바울이 하고 있는 더 큰 논의의 일부로, 그는 하나님의 일의 진리와 하나님의 일의 경이로움에 압도당하는 것 같습니다. 그는 찬양의 폭발로 시작합니다. 그리고 그것은 대부분 찬양들의 속성이기도 합니다.

바울은 이렇게 썼습니다.

"깊도다 하나님의 지혜와 지식의 풍성함이여, 그의 판단은 헤아리지 못할 것이며 그의 길은 찾지 못할 것이로다 누가 주의 마음을 알았느냐 누가 그의 모사가 되었느냐 누가 주께 먼저 드려서 갚으심을 받겠느냐 이는 만물이 주에게서 나오고 주로 말미암고 주에게로 돌아감이라 그에게 영광이 세세에 있을지어다 아멘"

이 말씀에는 교훈적인 의미가 있습니다. 하나님의 위대한 일과 하나님의 말씀의 진실성에 대한 일반적인 기독교적 성찰을 보여주고 있습니다. 여기서 우리는 찬양의 우선순위와 적절성에 대한 기본 요점으로 돌아갑니다.

그러나 이 다른 세 가지 영광송에 대해 살펴보고 그 특징 몇 가지를 살펴보겠습니다. 몇 개의 핵심 단어들에 대해 말하고 싶습니다. 먼저, "~ 에게(to)"라는 단어를 주목해 보세요. 이것은 찬양의 대상이 하나님이라는 것을 나타냅니다. 우리는 하나님에 대해 이야기하는 것 이상의 일을 할 수 있습니다. 우리는 하나님을 찬양하는 마음으로 하나님과 대화할 수 있습니다. 우리는 하나님께서 우리가 그분을 존중하고 인정하는 것을 듣기를 좋아하신다는 것을 조금 더 추론할 수도 있습니다.

다음은 유다서 25절에 있는 "~ 통하여(through)"라는 단어입니다. 그리고 아마도 더 나은 표현은 "예수 그리스도를 통하여"라는 문구 전체를 나타냅니다. 다시 한번 우리는 이 구절에서 기독교 예배의 공통된 측면, 즉 주 예수 그리스도의 중보가 핵심이라는 것을 추론할 수 있습니다. 우리는 당연히 예수님께만 예배를 드리는 것이 아니라, 예수님을 통해 하나님 아버지께 예배를 드려야 합니다. 여기에는 삼위일체론적 역학 관계가 분명하게 드러납니다. 예배는 삼위일체 중 두 번째 분, 예수님을 통해 첫 번째 분, 하나님 아버지께 드리는 것입니다.

셋째, "영원히(forever)"라는 단어를 주목해 주시기 바랍니다. 이러한 '영광송'의 대부분은 "지금도 영원히" 또는 "영원 영원히(forever and ever)"와 같은 개념을 담고 있습니다. 그리고 그것은 찬양의 영원성에 대한 암시입니다. 하나님께서 그리스도의 재림으로 모든 것을 완성하실 때 우리가 영원의 충만함에 들어가면 많은 것들이 변할 것입니다. 그러나 변하지 않는 한 가지는 찬양의 우선순위와 부적절함입니다. 변하지 않는 한 가지는 찬양을 통해 하나님을 경배하는 것입니다.

마지막으로, 다음 단어에 주목해 주시기 바랍니다. 요한계시록 4장의 "합당하다(worthy)"라는 단어입니다. 이것은 일부 '영광송'에서 표현된 감정일 뿐 아니라, 모든 기독교 예배의 근본적인 감정이기도 합니다. 하나님은 합당하다는 사실입니다. 하나님이 누구신지, 하나님이 무엇을 하시는지 생각하면, 우리가 하나님을 공경하고 인정하는 것은 지극히 당연한 일입니다. 사실, 영어로 "worship"이라는 단어에는 의미가 있습니다. 영어로 이 단어는 실제로 "worth-ship"이라는 단어의 축약형입니다. 이 단어의 의미는 '하나님이 합당하다'는 것입니다. 하나님은 합당하십니다. 이것이 바로 "worship"이라는 단어가 표현하고자 하는 의미입니다.

그래서 이 예들에는 다음과 같은 측면이 있습니다.

1) 하나님은 우리의 찬양을 받으실 자격이 있으십니다. 찬양의 자격이 있다는 말입니다.
2) 찬양은 종종 예수 그리스도를 통해 올바르게 드려집니다. 예수님의 중재가 있다는 말입니다.
3) 이 찬양은 영원합니다. 찬양이 계속해서 적절하다는 말입니다.
4) "합당하다"라는 단어가 있습니다. 하나님을 찬양하는 것이 좋고 옳다는 말입니다. 고대 기도문 중 하나에 이렇게 적혀 있습니다.

"하나님, 찬양의 말씀과 감사의 말씀을 드리는 것이 언제 어디서나 옳고 바른 일입니다.(It is good and right, everywhere and always, to praise and thank you, O God.)"

하나님께 드려지거나 하나님께 귀속되는 것들을 실제로 살펴보겠습니다. 이 찬양문들에서 그들 사이에 상당히 공통된 점을 발견할 수 있을 것입니다. 로마서 11장 36절은 하나님께 영광을 돌립니다. 디모데전서 1장 17절은 영광과 존귀를 드립니다. 베드로전서 4장은 영광과 권세를 드립니다. 베드로전서 5장은 권세와 능력을 드립니다. 베드로후서 3장은 영광을 드립니다. 유다서 25절은 영광, 위엄, 능력, 권세를 드립니다. 요한계시록 1장은 영광과 능력을 드립니다. 요한계시록 4장은 영광, 존귀, 능력을 드립니다. 요한계시록 5장에는 상당히 긴 목록이 있습니다. 권세, 능력, 부, 풍요, 지혜, 힘, 존귀, 영광, 축복, 찬양입니다. 요한계시록 5장 13절은 축복과 찬양, 존귀, 영광, 권세, 능력입니다. 요한계시록 7장은 축복과 찬양, 영광, 지혜, 감사, 존귀, 권세, 힘입니다. 요한계시록 19장은 구원, 영광, 권세입니다. 이 단어들의 누적된 무게를 생각해 보시기 바랍니다. 이는 하나님이 전체적으로 압도적으로 가치 있고 높고 존귀하며 높임을 받으셔야 할 분임을 그림으로 묘사해 보여주는 것입니다. 사실 인간의 언어는 하나님께 마땅히 표현되어야 할 것을 적절히 표현하기에 부족합니다. 그래서 여기서는 단 한 단어만으로는 적절하지 않지만, 이러한 '영광송'의 문장들은 하나님께 마땅히 드려져야 할 목록들을 쌓아가는 것이라고 볼 수 있습니다.

그렇다면 이 '영광송'들에서 무엇을 배울 수 있을까요? 첫째, 찬양의 우선순위가 있다는 것을 배울 수 있습니다. 하나님을 경배하는 예배에서 인간과 하나님을 연결하는 다양한 행위들중에 찬양의 우선순위가 있습니다. 그래서 저는 여러분에게 묻고 싶습니다. 예배에서 찬양의 비중이 얼마나 되는지 궁금합니다. 둘째, 찬양에는 적절성이 있습니다. 예배에서 행할 수 있는 다양한 행위들 가운데, 앞에서 언급했던 것처럼 하나님을 존귀하게 하는 것이 적절하다고 여겨지는 행위들이 있습니다. 그 고대 기도에 대해 이야기하면서, 저는 "하나님, 언제나 어디서나 찬양하고 감사하는 것이 옳고 바릅니다."라고 언급했습니다. 실제로, 그것은 성만찬 기도문(the Great Thanksgiving)에서 사용되는 표준적인 구절입니다. 그러므로 문제는 이것입니다. "하나님을 찬양하는 것이 예배의 기본인가?" 우리가 앞으로 어떤 예배를 드려야 할지 고민할 때, 지금 이 시점에서 어떤 예배가 적절할지 궁금할 때, 또는 의심스러울 때, 하나님께 찬양의 마음을 드려보시기 바랍니다.

셋째, 찬양은 하나님과 인간 사이의 올바른 관계를 위한 기반입니다. 저는 찬양이 하나님에 대한 우리의 영혼과 정신의 올바르고 겸손한 태도라고 생각합니다. 하나님을 존귀하게 여김으로써, 우리는 끔찍한 굴욕의 장소가 아니라, 옳은 장소를 찾게 됩니다. 그러나 우리는 하나님을 올바르게 경외함으로써 올바른 관계를 찾을 수 있습니다. 그렇다면 우리 예배도 찬양의 시간을 갖고, 그로 인해 우리가 하나님을 인식하고 하나님에 대해 올바른 태도를 취할 수 있도록 하고 있습니까? 이 점을 강조하고 싶습니다. 왜냐하면, 예배에 참석할 때, 예배 순서에 찬양으로 기재된 것이 있는데, 자세히 살펴보면 그 순서에 기재된 것이 실제로는 하나님을 찬양하는 것이 아니기 때문입니다. 저는 그런 혼란과 하나님과 올바른 관계를 맺을 기회를 놓치는 것이 싫습니다.

그리고 마지막으로, 네 번째 요점은 그리스도께서는 우리의 찬양을 받으시고, 우리의 찬양을 중재하신다는 사실입니다. 그러므로 문제는 이것입니다. 우리는 예수님을 예배하는 데 너무 집중하여, 하나님 아버지께 다가가 경배할 수 있게 해 주시는 분으로서의 그분의 역할을 잊고 모욕하는 것이 아닙니까? 저는 예수 그리스도에 너무 집중되어 있는 어떤 예배에 참여한 적이 있습니다. 그들은 예수 그리스도에 너무 집중하고 있어서 그를 보내신 분이 있다는 사실을 잊어버립니다. 그들은 예수님을 너무 사랑해서 예수님이 사랑하시는 분이 있다는 사실을 잊어버립니다. 예수님이 복음서에서 "아버지"라고 부르는 분 말입니다. 그러므로 예수님은 우리의 찬양을 제대로 받으실 뿐만 아니라, 우리의 찬양을 하나님 앞으로 올바르게 중보해 주십니다.

### 하나님의 활동을 기억하는 것

두 번째 신학 원리는 이렇습니다. 하나님의 활동을 기억하는 것이 모든 예배의 기초입니다. 그리고 여러분은 그것이 일부 신격화에서 미묘하지만 중요한 요소라는 것을 보았습니다. 요한계시록 4장과 19장의 구절을 보십시오. 그들이 하나님의 활동을 어떻게 기억하고 강조하는지 주목하십시오: "주 하나님, 주님께서는 모든 것을 창조하셨고, 주님의 뜻에 따라 존재하게 하셨으니, 주님께서는 영광과 존귀와 권능을 받으실 자격이 있습니다." 요한계시록 19장을 보십시오. '구원과 영광과 권능은 우리 하나님과 함께 있습니다. 그의 심판은 참되고 의로우니, 그는 땅을 더럽힌 큰 창녀를 심판하셨습니다.' 하나님을 찬양하는 것뿐만 아니라, 하나님의 활동을 기억하는 것도 적절합니다. 집을 짓고 콘크리트 기초를 다지는 것과 비교해 볼 수 있습니다. 서비스를 만들 때, 어떤 뿌리 콘텐츠, 핵심 콘텐츠가 있어야 할지 고민할 때, 하나님의 활동을 기억하십시오. 하나님의 활동, 특히 과거의 활동을 기억하는 것이 기독교 예배의 기초가 됩니다. 모든 것이 그 위에 세워집니다.

구체적인 예를 몇 가지 보여드리겠습니다. 여기 누가복음 1장의 예가 있습니다. 저는 이 예가 특히 마음에 듭니다. 왜냐하면 누가복음서의 저자 누가가 '사가랴가 성령으로 충만했다.'고 말하고 있기 때문입니다. 그리고 성령으로 충만했을 때 그가 한 말을 기록하고 있습니다. 이 구절에서 하나님의 활동을 강조하는 방법을 살펴볼 수 있습니다. "찬송하리로다 주 이스라엘의 하나님이여 그 백성을 돌보사 속량하시며 우리를 위하여 구원의 뿔을 그 종 다윗의 집에 일으키셨으니"(눅 1:68-69) 이 구절은 하나님의 역동적인 활동을 생생한 동사들로 표현함으로써 계속해서 강조합니다. '하나님이 우리를 찾아오셨다.' '그는 구속을 이루셨다.' '그는 우리의 뿔을 높이셨다.' '그는 선지자들을 통해 말씀하셨다.' '그는 자비를 베푸실 것이다.' '그는 우리 조상들에게 자비를 베푸셨다.' '그는 거룩한 언약을 기억하셨다.' '그는 우리 아버지 아브라함에게 맹세하셨다.' '그는 우리를 원수의 손에서 구해 주실 것이다.' 이 생생한 동사들이 쌓여 있는 것을 보시기 바랍니다. 여기에서 약간 부수적인 문제를 언급하겠습니다. 때로는 제가 예배에 참석할 때, 특히 기도를 들을 때가 있습니다. 그리고 예배 인도자, 즉 기도하는 사람은 다소 빈약한 단어인 '도움'을 사용하고, 하나님의 활동이 우리를 돕는 것임을 기억하는 데 그 의미를 제한합니다. 물론 하나님은 우리를 돕습니다. 그러나 신약 성경을 그 말씀의 단어들로만 공부해 보시면 좋겠습니다. 하나님의 구원의 역사를 과거, 현재, 미래에 걸쳐 기념하는 언어를 제공해 줄 수 있는 생생한 동사의 다양성을 발견할 수 있습니다. 사가랴는 누가복음 1장에서 이를 증명합니다.

    다른 예를 보여드리겠습니다. 이것은 사도 바울이 에베소 교인들에게 보낸 편지의 시작 부분입니다. 그가 찬양의 행위를 표현하는 방식이 비슷한 점을 주목해 보시기 바랍니다. "하나님 우리 아버지와 주 예수 그리스도로부터 은혜와 평강이 너희에게 있을지어다"(엡 1:2) 그리고 무슨 일이 일어나는지 주목해 보십시오. '누가(Who)…' 그리고 '누가'라는 단어 다음에 무슨 일이 일어나는지 주목해 보십시오. 그는 무엇을 하는 것일까요? 다시 말하지만, 그는 하나님의 행위를 기억하는 능동적이고 생생한 동사들의 놀랍도록 긴 목록을 쌓아 올립니다. 그것이 하나님을 공경하는 것입니다. 우리가 하고 있는 모든 동사나 우리가 하고 있는 모든 행동에 대해 이야기하는 것이 아닙니다. 하나님을 존귀하게 하는 것은 하나님의 활동을 기억하는 것입니다. 그리고 누가복음 1장의 구절과 마찬가지로, 에베소서 1장의 구절에도 다음과 같은 멋진 동사들이 나열되어 있습니다. '하나님은 우리를 축복하셨고,' '우리를 선택하셨고,' '우리를 예정하셨으며,' '우리를 사랑'하셨습니다. 이것은 여러분이 볼 수 있는 단어들의 일부에 불과합니다. 이 구절에서 볼 수 있는 동사들입니다. 바울이 이것들을 나열하는 방식을 주목해 보십시오.

 이런 동사의 축적 현상은 찬양의 행위뿐만 아니라 하나님께 무언가를 구하는 기도에서도 일어날 수 있습니다. 사실, 저는 사도행전 4장의 이 특별한 예를 좋아합니다. 왜냐하면 이 예는 하나님의 활동을 기억하는 '기념'이 일종의 구조화된 기도의 기초가 되는 것을 보여주기 때문입니다. 즉흥적으로 기도해야 하는 경우에 기억해 두면 매우 유용한 내용입니다. 기도의 시작 방식을 주목해 보세요. 기도는 하나님을 지명하는 것으로 시작해서 하나님을 기념하는 것으로 이어집니다. "하늘과 땅을 만드신 분이 바로 당신입니다." 그리고 하나님의 활동에 대한 이 기억의 측면에서 계속됩니다. 사실, 이 간구 기도의 대부분은 이 기억의 측면에서 이루어집니다. 이 기도는 하나님께 요청하는 것 이상의 의미를 지니고 있습니다. 그것은 하나님이 하신 일을 기억하는 것입니다. 그리고 기도의 마지막 부분에서, 그 기념식을 바탕으로 구축하고 시작하는 과정에서, 사도들이 마침내 하나님께서 과거에 행하신 모든 일들을 고려하여 무언가를 구하는 것을 볼 수 있습니다. "주여 이제도 그들의 위협함을 굽어보시옵고 또 종들로 하여금 담대히 하나님의 말씀을 전하게 하여 주시오며"(행 4:29) 이 기도는 간구라는 측면에서 바로 요점을 짚고 있습니다. 이 기도가 쌓이는 부분은 간구가 아니라 하나님의 행위에 대한 '기념'입니다.

신약 성경의 '기념'의 예시들로부터 무엇을 배울 수 있을까요? 우선, 하나님은 예수 그리스도를 통해 행하신 독특한 행위와 성령의 능력으로 드러나신다는 것을 배울 수 있습니다. 이 하나님을 다른 모든 신의 행세를 하는 존재들과 구별하는 것은 하나님의 독특한 행위, 특히 예수 그리스도를 통해 행하신 행위와 아브라함의 부르심 이후의 행위들입니다. 사실, 성경 전체를 하나님의 행위를 기념하는 방법과 구체적인 내용을 찾을 수 있는 일종의 참고서라고 생각할 수 있습니다. 그렇다면 여기에 질문이 있습니다. "우리가 예수 그리스도 안에서 드러나신 하나님을 경배하고 있다는 것을 알기에, 우리의 예배에서 하나님의 행위들을 충분히 기억하고 있는가?"

두 번째 요점은 이것입니다. 하나님은 우리가 그분의 활동을 기억하게 하심으로 영광을 받으십니다. 하나님은 우리가 이 기념의 예들을 쌓아 올리는 것을 기뻐하십니다. 그러므로 문제는 이것입니다. 우리는 하나님의 위대한 행적을 기억하고 그것을 기초로 하나님을 공경해야 하는가? 우리는 하나님의 행위의 움직임을 기억해야 하는가? 예를 들어, 하나님은 예수 그리스도를 통해 예수님이 십자가에서 죽는 것 이상의 많은 일을 하셨습니다. 예수님이 십자가에 달리신 것이 중요하긴 하지만, 그것이 하나님께서 예수 그리스도를 통해 행하신 일의 전부는 아니었습니다.

셋째, 이 행위를 기억하는 것은 하나님께서 현재와 미래에 계속해서 역사해 주시도록 간구하는 근거를 제공합니다. 실질적인 질문은 이것입니다. 우리의 간구와 중보기도는 하나님의 과거 행위를 고려하여 드려지는 것입니까? 하나님께서 과거에 행하신 일을 기억하지 못한다면, 하나님께서 지금 또는 미래에 행하실 일을 어떻게 알 수 있을까요?

넷째, 예배의 내용은 우리의 인간적인 행위와 본성보다는 하나님의 행위와 본성에 대해 더 많이 이야기해야 합니다. 예를 들어, 여러분의 교회에서 가장 좋아하는 찬송가를 평가해 보십시오. 사람들이 하는 일을 기억하는 것이 더 많습니까? 아니면 찬송가가 하나님께서 하시는 일에 초점을 맞추고 있습니까? 아니면 예배에서 하나님보다 우리 자신에 대해 더 많이 이야기합니까?

이것이 두 번째 전체적인 요점입니다: 하나님을 공경하고 간구와 중보의 근거를 명확히 하기 위해 하나님을 기념하는 것이 우선입니다.

## 기도

그렇다면 신약 성경의 예에서 우리가 얻을 수 있는 세 번째 신학 원칙은 무엇일까요? 그것은 바로 기독교 예배에 기도의 숨결이 있어야 한다는 것입니다. 다양한 종류의 기도가 많이 있어야 합니다. 저는 누가복음에 나오는 특별한 사건을 언급하고 싶습니다. 제자들이 예수님께 무언가를 가르쳐 달라고 요청하는 구절은 복음서에 한 군데밖에 없습니다. 그들은 종종 예수님께 무언가를 가르쳐 달라고 요청합니다.

즉, 실제로 일어나고 있는 일에 대한 관점이나 세계관에 대해 가르쳐 달라고 요청합니다. 그러나 실제적인 실천에 관한 한, 제가 찾을 수 있는 것은 딱 한 가지 예밖에 없습니다. 그것은 누가복음에 나오는 것입니다. 그리고 제자들이 예수님께 무엇을 가르쳐 달라고 요청했나요? "주님, 기도하는 법을 가르쳐 주십시오." 이것이 바로 누가복음에 언급된 주기도문입니다.

"예수께서 이르시되 너희는 기도할 때에 이렇게 하라 아버지여 이름이 거룩히 여김을 받으시오며 나라가 임하시오며 우리에게 날마다 일용할 양식을 주시옵고 우리가 우리에게 죄 지은 모든 사람을 용서하오니 우리 죄도 사하여 주시옵고 우리를 시험에 들게 하지 마시옵소서 하라"(눅 11:2-4)

저는 이 기도가 우리에게 교훈이 된다고 생각합니다. 이 짧은 기도에서 찾을 수 있는 다양한 유형의 기도뿐만 아니라, 특정한 단어에서도 그렇습니다. 이 기도문에서 하나님에 대한 찬양의 표현을 먼저 주목해 보시기 바랍니다. "아버지여 이름이 거룩히 여김을 받으시오며" 그리고 중보기도의 표현을 주목해 보십시오 "나라가 임하시오며" 이 기도는 자신뿐만 아니라 온 세상을 위한 간구이기도 합니다. 그리고 자신에 대한 간구도 주목해 보시기 바랍니다. "우리에게 날마다 일용할 양식을 주시옵고" 그리고 다시 죄를 고백하는 듯한 표현으로 하나님께 간구하는 내용을 주목해 보십시오 "우리 죄도 사하여 주시옵고" 우리가 죄를 지었으므로 하나님의 용서가 필요하다는 고백이 내포되어 있습니다. 또한 우리가 무언가를 하기 위해 하나님 앞에 자신을 드리다는 서약의 표현도 주목해 보십시오. "우리가 우리에게 죄 지은 모든 사람을 용서하오니 우리 죄도 사하여 주시옵고" 그리고 마지막으로, "우리를 시험에 들게 하지 마옵소서"라는 간절한 기도로 끝맺음하는 방식도 주목해 보십시오. 그것은 인생이 항상 잘 풀리지 않는다는 것을 전제로 하는 그런 회색 지대 같은 기도의 한 종류입니다. 하나님과 그리스도인의 제자 사이의 복잡한 역동적 관계 속에서, 모든 것이 항상 잘 풀리는 것은 아니기 때문에, 우리는 "우리를 시험에 들게 하지 마시옵소서"라고 기도합니다. 그리고 성경에서 그와 가장 유사한 비유는 구약 성경의 애가서나 겟세마네 동산에서 예수님이 잔을 마시지 않으실 수 있었을까 고민하셨던 일일 것입니다.

 이것을 신약 성경에서 예배에 관한 몇 안 되는 교훈적인 구절 중 하나인 디모데전서 2장과 비교해 보겠습니다. 여기에서 기도 유형의 목록에는 간구, 기도, 중보, 감사가 포함되어 있습니다. 모든 사람을 위해 네 가지 유형의 기도를 해야 한다는 것을 주목하시기 바랍니다.

 2천 년의 예배를 살펴보면서, 저는 예배의 행위 목록을 간결하게 정리할 수 있었습니다. 다음은 기독교 예배에서 행해지는 기본적인 것들입니다. 실제로 기도의 한 유형인 찬양, 감사, 사랑 표현, 죄 고백, 우리 자신을 위한 간구, 다른 사람들을 위한 중보기도, 그리고 우리 자신을 하나님에게 바치는 모든 항목입니다. 이것들은 2천 년 동안 거의 모든 고전 예배에서 찾아볼 수 있는 표준적인 기도 형태입니다. 그 항목들을 보면 신약의 예배 행위 중 얼마나 많은 것이 기도의 형태인지 알 수 있습니다. 저는 이것이 신약 성경에서 볼 수 있는 예배 행위들의 중요한 부분이라고 생각합니다.

이것을 최근 찬양 가사의 경향과 비교해 보시기 바랍니다. 저는 몇 년 전에 가장 인기 있는 현대 찬양이 기도를 어떻게 다루고 있는지 알아보기 위해 분석을 했습니다. 그리고 제가 발견한 것은, 하나님을 찬양하고 경배하는 일은 여전히 많이 이루어지고 있지만, 감사, 즉 하나님께 감사하는 것, 경배하는 것과는 조금 다르지만, 감사하는 태도 또는 고마운 마음의 표현은 최근 몇 년 동안 실제로 사라졌다는 것입니다. 저는 우리가 그것을 다시 찾아보도록 권면하고 싶습니다. 또한 최근의 찬양들이 하나님을 위해 기도하는 내용이 꽤 많지만, 예배 장소에 있지 않거나 그 방에 있지 않은 사람을 위해 기도하는 내용은 거의 없다는 것을 발견했습니다. 저는 이것이 큰 결점이라고 생각합니다. 왜냐하면 성경, 특히 신약 성경과 기독교 예배의 전통적인 형태에서 우리는 기독교인들이 타인을 위해 중보기도를 드리는 사례를 찾을 수 있기 때문입니다. 셋째, 찬양에서 죄를 고백하고 용서를 구하는 내용이 거의 없다는 것을 발견했습니다. 찬양들은 우리가 죄를 지었다는 것을 언급하고 있지만, 우리가 죄를 짓거나 실수를 하거나 잘못에 빠진다는 내용은 거의 다루지 않습니다. 최근의 찬양들도 거의 그런 내용을 다루지 않습니다. 그리고 최근의 찬양들은 우리가 채워지지 않은 하나님에 대한 갈망 외에는 잘못된 것이 있다는 것을 슬퍼하거나 암시하는 내용도 거의 다루지 않습니다. 저는 찬양들이 인간의 상태에 대해 좀 더 솔직해져야 한다고 생각합니다.

예수님께서 우리에게 기도하라고 가르치셨을 때, 주기도문에서 배울 수 있는 것은 이것입니다. 예수님께서는 우리에게 여러 가지 다른 종류의 기도로 하나님께 나아가는 방법을 가르쳐 주셨습니다. 둘째, 예배에서 기도하는 것뿐만 아니라 다양한 형태로 기도하는 것이 중요합니다. 우리의 예배에는 다양한 기도의 모습이 있습니까? 애통의 기도가 있습니까? 죄의 고백의 기도가 있습니까? 다른 사람들을 위한 중보기도가 있습니까? 기도와 예배가 예수님이 지상에서 기도 사역을 통해 말씀하신 기도와 일치합니까? 아니면 우리가 신약 성경을 넘어 확장하고자 한다면 시편에서 찾을 수 있는 기도와도 일치합니까?

그리고 세 번째로, 모든 종류의 기도와 예배가 긍정적이거나 행복해야 하는 것은 아닙니다. 예배 중에 우리가 죄를 지었다는 것을 솔직하게 고백하거나 슬퍼하며 하나님께 질문할 수 있는 여지가 있습니까? 지금과 같은 어려운 시기에는 개인적인 기도 시간에 하나님께 "왜 악한 사람들이 권력자의 위치에 오르는 것일까요?"라고 묻고 싶습니다. 예배 시간에 우리가 같은 질문을 하는 것이 왜 적절하지 않은 것일까요? 기독교 예배가 항상 행복해야 하는 것은 아닙니다. 현실적일 수도 있습니다. 우리는 성경을 보면 그 예가 많이 있습니다.

요약하자면, 신약 성경의 예배 예시에서 우리가 신학적으로 배울 수 있는 것은 다음과 같습니다. 찬양의 우선순위와 적절성이 있습니다. 하나님을 존귀하게 하는 것은 좋은 일입니다. 둘째, 하나님의 활동을 기억하는 것은 모든 예배의 기초입니다. 그리고 마지막으로, 폭넓은 기도를 하는 것이 성경적입니다. 기독교 예배에서 다양한 종류의 기도가 많이 이루어지기를 소망합니다.

제 4 장

# 기독교 예배 역사의 신학 원리

## 제4장
## 기독교 예배 역사의 신학 원리

　이번 장에서는 기독교 예배의 오랜 역사에서 몇 가지 신학적인 원칙을 이끌어내고자 합니다. 최근의 역사뿐만 아니라 2천 년 동안의 모든 역사를 기초로 삼아 살펴보겠습니다. 구체적으로, 예배 순서에 대해 살펴보고자 합니다. 특히, 제가 고전적 예배 순서라고 부르는 네 가지 순서에 초점을 맞추어 살펴보겠습니다. 왜 그것을 4중 구조라고 부르는지 몇 분 후에 알게 될 것입니다. 그러나 저는 예배 순서에 대해 살펴보고, 예배 순서가 실제로 무엇인지에 대한 몇 가지 신학적인 원칙을 찾은 다음, 4중 구조에 대해 구체적으로 살펴보고, 종종 수행되지 않거나 간과되는 다른 종류의 개념들을 제시하고자 합니다.
　그러면 예배 순서가 무엇인지, 예배 순서가 아닌 것은 무엇인지, 아니면 적어도 예배 순서가 되어서는 안 되는 것은 무엇인지 살펴보도록 하겠습니다. 그래서 기본적인 질문이 있습니다: 예배 순서는 무엇입니까? 여러분은 구체적인 항목이 나열된 매우 전형적인 교회 주보나 게시판을 볼 수 있습니다. 만약 여러분이 이런 것들을 사용해 본 적이 있다면, 우리는 맨 위에서부터 시작해서 그 특정한 경우에 대한 구체적인 사항들을 위에서 아래로 일관되게 살펴볼 것이라고 추정할 수 있습니다. 예를 들어, 찬양의 특정 곡이 무엇인지, 그 곡의 제목이 무엇인지가 나열되어 있습니다. 저는 이 견해가 예배 순서에 대한 너무 단순한 접근 방식이라고 말하고 싶습니다. 예배 순서에 대해 우리가 생각해야 할 것은 실제로 훨씬 더 깊고 심오한 것이 있습니다.

## 역동적인 상호작용

위험한 점은 어떤 사람들은 예배 순서를 다른 종류의 목록처럼 취급한다는 것입니다. 그래서 그것을 클럽 회의의 의제처럼 취급할 수도 있습니다. "오늘 밤 회의 일정이 여기 있습니다. 이 안건을 처리하면, 체크 표시를 할 것입니다." 드물지만, 교회에서 연필이나 펜을 꺼내 예배 순서가 지날 때 마다 항목을 체크하고 있는 예배자들을 실제로 본 적이 있습니다. "좋아, 첫 번째 찬송가는 이제 끝났어. 체크해야지."라고 하거나, 또는, 예배 순서를 쇼핑 목록처럼 쉽게 볼 수 있습니다. "좋아, 이것을 끝내야 해. 그리고 이것도 끝내야 해."입니다. 이것들의 공통점이 무엇일까요? 이 방법들은 여러분이 한 페이지에 있는 것들을 나열하고, 그것에 순서가 있다면, 그 목록을 하나씩 처리하는 것입니다. 저는 예배 순서가 괜찮다고 하더라도, 그것이 예배에 접근하는 잘못된 방법이라고 신학적으로 강력하게 주장하고 싶습니다. "예배 시작에 부를 다섯 곡의 노래가 있습니다. 하나, 둘, 셋, 넷, 다섯을 살펴봅시다. 좋아요, 다섯 곡을 다 마쳤습니다. 찬양과 경배는 다 끝났습니다." 이것은 예배 순서에 대한 잘못된 생각입니다.

예배 순서를 단지 목록으로만 보는 것은 예배가 단지 인간적인 행위에 관한 것이 된다는 것을 의미합니다. 그것은 일차원적이 되고, 예배 순서는 우리가 해야 할 일들의 목록이 됩니다. 또한 이것은 진짜 위험한데, 그것은 예배 순서를 단지 해야 할 일들의 목록으로만 보고 있을 때, 하나님은 존재하지 않거나 활동하지 않으실 수 있다는 것입니다.

다른 신학적인 시각이 있다면 어떨까요? 예배드릴 때 하나님께서 교회와 함께 계신다고 우리가 확신한다면 어떨까요? 그리고 예배를 하나님과 교회가 상호 작용하는 역동적인 사건으로 본다면 어떨까요? 그러면 예배 순서가 예배에서 해야 할 일들의 목록에 불과하다고 생각하는 것에서 벗어나게 될 것입니다. 그러나 그것은 하나님과 교회 사이의 역동적인 상호작용을 형성하는 지침이 됩니다. 제 목소리 톤을 들어보시면 제가 정말로 옹호하는 바가 무엇인지 아실 수 있을 것입니다. 그리고 저는 그것이 역사적인 예배 순서, 역사적인 4중 예배 순서에서 찾을 수 있다고 생각합니다. 종이에 있는 단순한 목록에 현혹되지 마시기 바랍니다. 그것이 실제로 무엇이고 어떤 것일 수 있는지 더 깊이 살펴보는 것입니다.

여기에서 약간의 비유를 들어 설명하고자 합니다. 목록에 접근하는 다른 방법, 즉, 스포츠 경기에 접근하는 다른 방법을 살펴봄으로써 설명하겠습니다. 여기 특별한 예가 있습니다. 스포츠 관련 예입니다. 이것은 몇 년 전 미국 프로 농구 협회(NBA)의 한 장면입니다. 이들은 프로 농구 선수들이며, 플레이오프 경기 중의 특별한 순간입니다.

행사나 게임은 다음과 같은 목록으로 정리할 수 있습니다. 7시 19분에 카와이 레너드(Kawhi Leonard)가 수비 리바운드를 잡았습니다. 6시 59분에 카와이 레너드가 26피트 거리에서 3점 슛을 놓쳤습니다. 6시 55분에 크리스 미들턴(Khris Middleton)이 수비 리바운드를 잡았습니다. 6시 51분에 크리스 미들턴이 공을 놓쳤습니다. 턴오버, 카일 라우리(Kyle Lowry)가 훔쳤습니다. 6시 46분에 카와이 레너드가 카일 라우리의 어시스트로 2점 덩크를 성공시킵니다. 현재 점수는 밀워키 벅스(Milwaukee Bucks)의 79점, 토론토 랩터스(Toronto Raptors)의 87점입니다. 6시 46분에 풀 타임 아웃이 있습니다.

그 사건은 단순한 항목 목록으로 존재합니다. 그것은 단지 사실에 불과합니다. 세부 사항이 있으며, 원래의 정보가 있습니다. 점수는 페이지에 쓰여 있는 일련의 것들입니다.

하지만 동일한 사건에 접근하는 다른 방법을 보여드리겠습니다. 이 사건은 역동적인 상호작용입니다. 카일 로리는 공을 훔쳐서 앞으로 밀고, 카와이 레너드가 도착하기를 기다렸다가, 지안니스 안테토쿤보 위로 "그 덩크슛 이후에 건물이 폭발했다." 레너드가 말했다. 레너드는 27득점 17리바운드를 기록하며 토요일 밤 밀워키 벅스를 상대로 100-94로 승리하며 랩터스를 사상 처음으로 결승에 진출시켰다. 4쿼터 6분 46초를 남기고 넣은 그의 빅 덩크슛은 3쿼터 후반에 시작된 26-3 점수의 경기를 뒤집는 마지막 득점이었다.

이것은 정보의 첫 번째 목록과 똑같은 게임이지만, 극적인 서사로 표현되어 있습니다. 여러분은 여기서 감성과 드라마를 느낄 수 있고, 그 중요성을 알 수 있으며, 등장인물들이 누구인지 느낄 수 있습니다. 불쌍한 지안니스 안테토쿤보(Giannis Antetokounmpo)조차도 마찬가지입니다. 그에게 덩크슛을 허용한 것에 대한 그의 실망감을 느낄 수 있을 것입니다. 그러나 저는 그가 얼마 전 밀워키 벅스와 막대한 계약을 맺었기 때문에 그를 너무 동정하지는 않을 것입니다. 그것은 바로 종이에 기재된 첫 번째 사건과 극적인 서술의 두 번째 사건입니다.

비슷한 예이지만, 다른 스포츠에서 야구 선수가 공을 휘두르는 모습입니다. 이것이 바로 그 게임입니다. 한국 프로야구(KBO)의 타이거즈 야구 선수입니다. 이 게임은 목록으로 표시됩니다. 최형우 선수가 첫 번째 투구를 바깥쪽으로 받아냅니다. 포수가 공을 놓치자 2루에 있던 주자가 3루로 진루합니다. 최형우 선수가 스윙해 스트라이크를 당합니다. 그리고 최형우는 중앙으로 날아온 걸린 커브볼을 스윙해 맞춥니다. 그는 공을 센터와 우익수 사이의 간격으로 날려 안타를 기록합니다. 3루에 있던 주자가 득점해 경기 종료됩니다.

그래서 그 게임은 페이지에 항목을 나열하는 단순한 목록으로 표시됩니다. 이제, 동일한 게임을 극적인 서사, 역동적인 인물 상호 작용으로 보여드리겠습니다. 플레이오프 시리즈의 7차전이 엄청난 투수 대결로 이어지면서, 팬들과 선수들 모두 어느 팀이든 득점을 할 수 있을지 궁금해하기 시작했습니다. 기아 타이거즈의 첫 두 타자가 9회 말 아웃으로 물러난 후, 모두가 경기가 연장전으로 갈 것으로 예상하기 시작했습니다. 그러나 기아 타이거즈의 세 번째 타자가 2루타를 쳤고, 그 공은 1루수의 머리 위로 빙글빙글 돌면서 간신히 살았습니다. 다음 타자 최형우는 홈 관중들의 환호 속에 자신 있게 타석에 들어섰습니다. 첫 번째 투구는 훨씬 바깥쪽으로 날아갔습니다. 포수는 공을 잡으려고 덤벼들었지만 놓치고 말았고, 주자는 3루로 달려 나갔습니다. 관중들의 환호는 점점 더 커졌습니다. 투수는 슬라이더를 던졌고, 최형우의 강한 스윙을 빗나가게 만들었습니다. 스트라이크 원, 투수는 3루 주자를 흘끗 쳐다본 후, 마치 수확을 기다리는 사과처럼 홈 플레이트를 맴도는 커브를 던졌습니다. 최 선수는 고전적인 배트 스윙으로 앞으로 나아갔고, 눈이 동그래졌습니다. 타구가 제대로 맞았을 때, 공 자체가 눈이 있는 것처럼 홈 플레이트 틈으로 떨어졌습니다. 3루 주자는 홈으로 걸어 들어가며 결승점을 기록했습니다. 경기가 끝났습니다. 우승을 차지했습니다. 관중은 환호성을 지르며 기뻐했습니다.

저는 예배에 그 역동적인 상호작용의 감각을 도입하여 하나님과 하나님의 백성 사이의 상호작용에 대한 흥미로운 이야기로 삼아야 한다고 제안하고 싶습니다. 그것이 바로 예배 순서에 도입해야 할 감성입니다. 예배의 순서들을 단순히 독립된 것들의 목록으로 보지 말고, 하나님과 예배하는 교회 사이의 역동적인 상호작용의 약식 스케치로 보시기 바랍니다. 우리가 예배할 때 하나님께서 우리와 함께 계신다면,

그것이 사람들로 가장 역동적인 상호작용이 아닐 수 없지 않겠습니까? 예배 순서를 단순한 항목의 목록으로만 보지 말아야 합니다.

　이를 염두에 두고, 고대 예배 순서를 살펴봅시다. 이것은 초대 교회에 확립된 예배 순서이며, 최근까지도 지배적인 방식이었습니다. 그리고 실제로, 저의 감리교회와 같은 일부 교파에서는 이 고대 예배 순서를 되찾으려고 노력하고 있습니다. 이것에 대한 가장 오래된 설명 중 하나는 2세기 중반 저스틴이라는 사람이 쓴 것으로, 그는 기독교 신앙 때문에 2세기 중반에 순교당했습니다. 그러나 저스틴은 죽기 전에 기독교인들이 예배하는 방식에 대한 설명을 남겼습니다. 그가 쓴 내용은 다음과 같습니다.

"주일에는 도시나 시골에 사는 사람들이 모여서 모임을 갖습니다. 그리고 사도들의 회고록(신약 성경)이나 선지자들의 글(구약)을 시간이 허락하는 한 읽습니다. 독서가 끝나면, 사회자는 설교를 통해 우리에게 이 좋은 것들을 본받도록 권고하고 권유합니다. 그런 다음 우리는 모두 일어나서 하나님에게 기도합니다. 그리고 앞서 말했듯이, 기도가 끝나면 빵과 포도주를 가져오고, 사회자는 최선을 다해 비슷한 방식으로 기도와 감사를 올리고, 사람들은 '아멘'이라고 말하며 동의합니다. 그리고 감사를 드린 음식은 각 사람이 나누어 먹고, 참석하지 못한 사람들에게는 집사를 통해 음식을 보냅니다."

　그는 여기서 설명을 마칩니다. 그러나 그가 계속한다면, 사람들이 떠날 때 축복과 파송으로 예배가 끝난다고 말할 것입니다.

### 고대 예배의 특징

이 고대 순서의 특징과 고대 예배의 방식을 살펴보겠습니다. 우선 시간의 제한이 없습니다. 저스틴은 즉흥적으로 진행되는 기도에 대해 이야기합니다. 즉, 예배가 시간의 제한이 없는 방식의 하나입니다. 그러나 그는 성경 구절 읽기 자체도 미리 정해진 것이 아니라 시간이 허락하는 한 계속 진행된다는 점을 지적합니다. 즉, 시간의 제한이 없다는 두 번째 차원은 즉흥성입니다. 그리고 그는 그것을 지적합니다. 예배를 인도하는 사람이 하는 기도는 그 사람의 능력에 따라 최선을 다해 기도하는 것입니다. 그는 어떤 기도문을 읽는 것이 아닙니다. 즉흥적으로 기도하는 것입니다. 그리고 마지막으로 그가 예배 순서를 일련의 핵심 활동으로 묘사한 방식을 주목하시기 바랍니다. 그것은 사물이나 물건의 목록이 아니라 하나님과 인간이 상호 작용하는 핵심 활동입니다.

실제 본문에서 이 부분을 살펴보겠습니다. "시간이 허락하는 한"이라는 말은 시간의 개방성을 가리킵니다. 이것은 누군가가 언제 다음 단계로 넘어가야 하는지 분별해야 한다는 것을 의미합니다. 따라서 이것을 합리적으로 해석할 수 있습니다. 사람들은 성령의 인도하심을 통해 읽기가 언제 끝나는지 그리고 다음 단계로 넘어갈 때는 언제인지 알 수 있습니다. 즉흥성도 개방성의 일부입니다. 그리고 저스틴이 최선을 다해 기도하는 모습을 볼 수 있습니다. 누군가 그에게 기도문을 건네주지 않았습니다. 그는 교회에서 '아멘'이라고 응답할 수 있는 방식으로 기도하기 위해 자신의 내면 깊은 곳에서 영적인 힘을 찾아야 합니다.

그리고 그 순서가 실제로는 사물이 아니라 활동의 순서임을 주목하십시오. 저는 이 활동이 하나님과 사람 사이의 상호 작용의 시간이라는 것을 더 쉽게 이해할 수 있게 해주기 때문에 이 활동을 강조하는 것을 좋아합니다. 저스틴에게 예배 순서는 단순한 사물 목록이 아니라 활동의 순서입니다.

저는 여기서 한 가지 질문을 하고 싶습니다. 왜냐하면 사람들은 고대의 예배 순서에 대해 생각할 때, 그것이 좀 더 형식적인 방식으로만 이루어질 수 있다고 생각하는 경우가 많기 때문입니다. 저는 저스틴이 예배에서 강조한 것들, 즉 시간의 개방성, 즉흥성, 그리고 활동의 순서 등이 실제로 현대의 찬양과 예배를 특징짓는 요소라고 말씀드리고 싶습니다. 저스틴의 설명을 너무 깊이 해석해서는 안 됩니다. 따라서, 높은 수준의 형식성이나 예식을 요구하지는 않습니다. 질서정연함이 있지만, 반드시 높은 수준의 형식성을 요구하지는 않습니다. 저는 이 고대 예배 방식을 현대적인 음악 형식과 사람들, 그리고 예배 인도자의 인도를 포함하여 다양한 형식으로 수행하는 것이 전적으로 가능하다고 생각합니다.

그러나 시간이 지남에 따라 변화가 있었고, 이러한 변화가 예배 순서, 심지어 4중 예배 순서조차도 본질적으로 사물이나 물건의 목록이라는 잘못된 인식을 강화하는 데 도움이 되었다고 생각합니다. 그리고 2세기 이후에 일어난 일은, 조금씩, 세기마다, 개방형 시간이 매우 제한된 시간이 되었다는 것입니다. 성경 읽기가 미리 정해졌습니다. 특정 일에 할애되는 시간의 길이가 미리 정해졌습니다. 마찬가지로 즉흥성도 사라졌습니다. 예배 인도자들은 더 이상 내면의 영적 능력으로 기도하지 않고, 기도문을 건네받아서 읽도록 요청받았습니다. 그리고 마침내 행위의 흐름들이 일련의 대상이 되었습니다. 일부 핵심 행위는 기술적인 이름이 붙여졌고, 실제로 어떤 일을 하는 것보다 그 기술적인 이름으로 알려지게 되었습니다. 그리고 지난 100여 년 동안 지역 교회들이 자체적으로 예배 순서를 만들고, 자체적으로 주보와 게시판을 만들 수 있게 되면서, 예배자들은 곧 그 단순화된 예배 순서가 한 페이지에 나열된 사물들의 목록처럼 제시되는 방식에 대해 알게 되었습니다.

### 4중 구조

역사에 대한 약간의 설명을 드린 후, 새로운 주제로 넘어가겠습니다. 그래서 저는 고대 예배 순서의 신학적인 측면을 이야기하고 싶습니다. 많은 사람들이 4중 구조라고 부르는 이 예배 순서에는 본질적으로 네 가지 움직임, 즉 하나님과 하나님의 백성 사이의 상호 작용의 네 가지 장면이 있습니다.

네 가지 단계는 다음과 같습니다: 첫째, 사람들이 모이고 들어가는 곳입니다. 그다음에는 주로 말씀을 통해 하나님이 하신 일을 기억하는 시간이 길어집니다. 그다음에는 사람들이 기도하고 성찬식을 하는 식탁 역할을 하는 곳입니다. 그리고 마지막으로 사람들은 축복을 받고 흩어져 세상으로 나가 예배의 삶을 살아가게 됩니다. 이것이 바로 파송 역할을 하는 곳입니다. 그래서 이 네 가지가 있습니다. 입례, 말씀, 성찬, 그리고 파송입니다.

우리는 이 각각을 마치 영화의 한 장면이나 연극의 한 막처럼 생각해야 합니다. 장면이 바뀌더라도 여전히 동일한 주인공인 하나님의 아들의 성령을 통해 현존하시는 하나님, 예수, 그리고 그리스도의 몸인 교회가 역동적인 방식으로 상호 작용합니다. 이것이 네 가지 장면이 입례에서 말씀으로, 성찬과 파송으로 바뀌더라도 변하지 않는 것입니다. 지금 제가 다니고 있는 연합감리교회는 공식 자료에 이 고대 순서를 제시하고 있습니다. 제가 이 자료에 가장 익숙하기 때문에, 다음 장에서 사용할 것입니다.

여기서는 입례를 목록으로 보여줍니다. 제가 속한 감리교회의 자료집에서는 이것을 "모임"이라고 부르고, 그 아래에 다음과 같은 항목을 나열합니다. 환영, 공지, 대화, 인사말, 찬송 또는 악기 연주입니다. 그리고 인사말이 하나 있습니다. "주 예수 그리스도의 은혜가 여러분과 함께하기를." 이에 대한 응답은 "여러분과 함께하기를"입니다. "부활하신 그리스도께서 우리와 함께 하십니다." "주님을 찬양하라." 그런 다음 찬양의 찬송가가 나열되고, 그다음에 시작 기도문이 화면에 표시됩니다. 그리고 또 다른 찬양의 행위가 이어집니다.

계속 진행하기 전에, 이것을 한 번 살펴보도록 하겠습니다. 그래서 여기에 목록으로 된 입례가 있습니다. 여기에는 모임, 인사, 찬송가 찬양, 시작 기도문, 그리고 찬양의 행위가 있습니다.

하나님과 교회의 역동적인 상호작용을 서술한 설명입니다. 교단 자료에서 볼 수 있는 내용이며, 각 페이지나 게시판에 나열되어 있습니다. 그러나 저는 이것을 이렇게 생각하기를 제안합니다. 하나님의 영에 의해 그리스도의 몸으로 모인 교회는 부활하신 그리스도의 임재를 누리는 은혜로운 교제로서 교회 회중을 재충전합니다. 은혜가 얼마나 빨리 주어지는지, 그리고 그리스도의 지속적인 임재의 경이로움에 놀란 하나님의 사람들은 하나님을 찬양하고 예배하며, 오늘의 하나님과의 만남이 가능한 모든 열매를 맺을 수 있도록 마음을 열고 계속해서 응답합니다.

이것이 스포츠 경기의 경기별 설명과 거의 비슷하다는 것을 아시겠지요? 그러나 이것은 극적인 순간에 대한 서술적 설명입니다. 고대 순서의 예배에서 찾을 수 있는 신학적인 방법이며, 오늘날 우리가 고대 순서의 예배를 읽을 때 사용해야 하는 두 번째 접근 방식입니다.

여기에는 말씀이 목록으로 나와 있습니다. 저는 교단에서 제공하는 자료에서 이 내용을 그대로 가져왔습니다. 깨달음을 위한 기도, 성경 공부, 시편, 성경 공부, 찬송가 또는 노래, 복음 공부, 설교입니다. 따라서 여러분은 그 주일에 적합한 특정 항목을 입력하기만 하면 됩니다. 제가 살펴볼 목록이 있습니다. 어떤 사람들은 우리가 살펴보는 동안 그것을 확인할 것입니다. 이것은 스포츠 경기의 내용과 같습니다.

그러나 제가 제안하는 것은 열린 자세를 유지하고 하나님에 대한 그들의 의존을 인식하면서, 사람들은 기쁨의 지혜 안에서 성장하기 위해 하나님의 도움을 구하는 것입니다. 하나님은 구원의 활동이라는 거대한 계획의 커튼을 걷어내고, 그리스도께서 어떻게 이 역사에서 핵심적인 역할을 하게 되었는지, 그리고 예수 그리스도를 통한 하나님의 구원의 이야기가 어떻게 즉각적이고, 지속적이며, 현재에도 관련이 있는지를 보여줍니다. 예수 그리스도를 통한 하나님의 구원의 이야기가 지금도 진행되고 있으며, 현재에도 관련이 있다는 것을 보여주는 마지막 부분에서 잠시 멈춰 봅시다. 이것이 바로 제가 설교를 설명하는 방식입니다. 설교도 하나의 단순한 행위가 아니라, 하나님과 하나님의 백성 사이의 극적인 상호 작용입니다.

초대 교회의 모든 예배 활동은, 저스틴 순교자의 설명에서 일부를 볼 수 있습니다. 순교자 저스틴 이후 한두 세기 후에, 거의 모든 활동들이 4, 5, 6세기의 예배 순서에 따라 표준 목록으로 자리 잡게 됩니다. 그리고 이것들은 감리교단의 자료에 있는 것과 똑같은 것들입니다.

그러나 여기에는 극적인 이야기로 재구성된 동일한 목록이 있습니다. 이 웅장한 계획을 듣고 놀란 사람들은 그 계획에 다시 헌신하고, 그 계획에 기반한 요청을 하나님께 쏟아부으며 그 적용을 찾습니다. 하나님의 응답은 여러 가지 방식으로 여러 번에 걸쳐 내려지겠지만, 그리스도는 그 이야기에 등장하는 사람들에게 현재의 여정에서 그분을 잔치로 즐기라고 즉시 초대합니다. 은혜로운 초대에 감동하고 자신들의 부족함과 필요를 깨닫고, 사람들은 겸손하게 하나님 앞에 나아갑니다. 하나님은 은혜로운 용서로 응답하십니다. 사람들은 회복된 지위를 기뻐하고 자신들 가운데 계신 그리스도의 임재를 깨닫고, 그들 사이에 그리스도의 평화를 전함으로써 그리스도 안에서 하나가 됩니다. 여전히 하나님의 은혜에 압도된 사람들은 여러 가지 방법으로 헌신합니다. 그중에서도 가장 중요한 것은 구원의 위대한 계획을 위해 하나님께 감사하고 경배하는 시간을 연장하는 것입니다. 이야기의 방향을 알고 있는 사람들은 하나님의 영의 새로운 부으심을 요청합니다. 하나님은 그리스도의 몸인 교회에 그리스도의 몸을 취하게 함으로써 응답하십니다. 압도된 예배자들은 마지막으로 감사의 말과 순종의 말을 드리기 위해 숨을 고르고 감정을 가다듬습니다.

이 관계의 일부가 되고 싶지 않으신가요? 사업적인 회의 의제에서 항목을 하나씩 확인하는 것은 지루한 일입니다. 이 관계는 참여하기만 해도 흥미진진합니다. 예배 순서를 하나님과 하나님의 백성 사이의 극적인 상호 작용을 간략하게 표현한 것으로 생각해 보시기를 바랍니다.

이를 염두에 두고, 제가 파송하는 것을 극적인 이야기로 표현한다면 다음과 같습니다. 보통 파송의 시간에는 축복과 마무리 기도, 마무리 찬양이 포함됩니다. 그러나 이렇게 표현해 볼 수 있습니다. 사람들은 마지막으로 한 번의 찬양의 숨을 내쉬며 하나님에 대한 헌신의 마음을 표현함으로써 떠날 준비를 합니다. 하나님은 마지막 말씀을 하시고, 교회를 다시 세상으로 보내시며, 그리스도의 몸이 흩어짐에 따라 축복하십니다. 사람들은 소망을 품고 떠납니다.

이 극적인 이야기를 생각해 보십시오. 예배 형식에 관계없이, 그 순간에 하나님과 하나님의 백성 사이의 극적인 상호 작용의 순간을 이루는 예배 행위를 찾는 것이 중요합니다. 예배 기획자이자 인도자로서 신학적으로 여러분의 목표는 단순히 목록에 있는 항목을 선택하는 것이 아닙니다. 이 이야기를 실제로 수행하고 경험할 수 있는 예배 행위를 선택하는 것입니다.

그렇다면 예배에 접근하고 예배 순서를 정할 때 다른 신학을 적용하려면 무엇이 바뀌어야 할까요? 예배 기획자와 인도자는 예배 순서를 성취해야 할 대상의 확인 목록이 아니라 하나님과의 역동적인 만남의 전개되는 이야기로 보도록 관점을 바꿔야 합니다. 가장 먼저 해야 할 일은 여러분의 관점을 바꾸는 것입니다. 사람들에게 예배 순서를 요약한 주보와 게시판을 보여준다고 해도, 그것이 예배 순서의 전부라고 생각하지 마십시오. 믿음의 눈으로 그것을 바라보고, 하나님과의 극적인 만남을 위한 약식으로 생각하셔야 합니다

둘째, 따라서 예배 기획자와 인도자는 예배 순서를 대체하는 것 이상의 일을 해야 합니다. 예배 기획자와 인도자에게 주어진 시간 제약으로 인해 안정적인 예배 순서를 유지하고 지난 주의 항목을 빼고 이번 주의 항목을 추가하는 것은 매우 유혹적입니다. 지난 주에 저는 우유 1.25리터와 0.5리터를 샀습니다. 이번 주에는 3.78리터와 1리터를 사려고 합니다. 예배 순서를 물건이나 사물을 바꾸는 것으로 생각하지 마십시오. 하나님과 하나님의 백성 사이의 이 극적인 만남을 형성하고

재구성하는 것으로 생각해야 합니다.

　세 번째로, 예배 순서 속 각 요소가 어떤 역할을 하는지 생각해 보아야 합니다. 실제로 그 단어들을 살펴보고, 특히 예배 행위인 경우 그 감정의 흐름을 살펴보는 것이 중요합니다. 그리고 그것이 실제로 어떤 역할을 하는지, 이러한 것들이 어떻게 잘 배열되어 하나님과의 신성한 만남을 촉진하는지 생각해 보십시오. 예를 들어, 저는 항상 예배를 하나님의 극적인 부르심, 극적인 약속으로 시작하는 것을 좋아합니다. 하나님께서 먼저 좋은 말씀을 하시고, 하나님의 백성들에게 대담한 선언을 하셔서 일을 시작하시도록 하는 것입니다.

　마지막으로, 예배 기획자와 인도자는 예배가 하나님과의 역동적인 상호작용이라는 관점에서 각 예배 행위가 그 시점에 적합한지 평가해야 합니다. 저는 예배에서 매우 감동적이고 잠재적으로 훌륭한 상호작용을 일으킬 수 있는 것들을 보았습니다. 그러나 그것들의 힘과 추진력은 잘못된 장소에 있다는 사실 때문에 약화되고 훼손되었습니다. 예를 들어 현대 찬양과 예배에서, 우리가 하나님에 대해 기억하기 전에, 사람들이 입에 올리는 첫 번째 찬양은 하나님을 얼마나 예배하고 싶은지에 대한 깊은 마음인 경우가 많습니다. 깊이 없는 찬양으로 시작하지 말아야 합니다. 하나님과 하나님께서 행하신 극적인 일, 그리고 하나님께서 우리를 부르시는 역동적인 방식으로 시작하기를 바랍니다. 모든 것을 적절한 순서에 따라 정리하고, 처음에 가지고 있던 그 찬양들을 응답의 찬양으로 삼아야 합니다. 그러면 이 극적인 하나님의 부르심에 응답할 수 있을 것입니다. 이것이 우리와 하나님 사이의 역동적인 만남이라면, 모든 것을 적절한 순서에 따라 정리하시기 바랍니다.

제 5 장

# 삼위일체 예배 신학

# 제5장
## 삼위일체 예배 신학

　이번 장에서는 삼위일체를 고려한 예배 신학을 살펴보고자 합니다. 이 장은 제가 설명하고자 하는 네 개의 장 중 첫 번째 장입니다. 이 장에서는 기독교 신학의 고전적인 면을 살펴보고, '기독교 예배에 어떤 차이가 있습니까?'라는 질문을 하고 싶습니다. 예를 들어, 하나님은 삼위일체이신데, 그게 무슨 차이가 있습니까? 또는 예수님의 삶과 사역이 궁극적으로 하나님을 영화롭게 했다면, 그게 무슨 차이가 있을까요? 아니면 예수님이 온전한 신이면서 온전한 인간이라면 어떤 차이가 있습니까? 아니면 복음이 미래를 향한 이야기이고 성령이 그 미래를 보장하는 보증인이라면 기독교 예배에 어떤 차이가 있을까요? 이 강의와 다음 세 강의의 특징은 바로 이런 "어떤 차이가 있느냐"는 접근 방식입니다. 우선 이번 장에서는 삼위일체에 대해 생각해 보겠습니다. 하나님이 삼위일체라는 것은 어떤 차이가 있을까요?

먼저, 예수 그리스도 안에서 계시된 하나님이 삼위일체라는 고전적 신학적인 신념을 상기시켜 드리고자 합니다. 우선 제 교회의 문서에서 발췌한 기본적인 정의를 알려드리려고 합니다. 이 문헌에 따르면, 신격의 단일성 안에는 하나의 물질, 권능, 영원성을 지닌 세 분, 즉 아버지, 아들, 성령이 계십니다. 다시 말해서, 하나님은 삼위일체이면서 동시에 하나이십니다. 세 분의 다른 분들, 즉 하나님 아버지, 예수 그리스도, 성령이 계시다고 해서 세 분의 본질적인 일치를 훼손하거나 제거하는 것은 아닙니다. 그리고 성경은 "삼위일체"라는 용어를 사용하지 않지만, 하나님의 이러한 특성, 즉 세 분의 인격이 존재하고 그분들이 하나라는 사실에 대해서는 언급하고 있습니다.

예배가 삼위일체적이라는 것은 구원이 삼위일체적이라는 것과 관련이 있습니다. 앞서 언급했듯이, 성경, 특히 신약 성경에는 "삼위일체"나 "삼위일체적"이라는 단어가 없습니다. 그러나 구원은 성령의 능력으로 예수 그리스도를 통해 아버지 하나님으로부터 오는 것으로 묘사됩니다.

또한, 이 세 분은 영원 전부터 존재해 온 깊고 지속적인 일체감과 사랑의 관계를 가지고 있는 것으로 묘사됩니다. 그들은 하나입니다. 그리고 마지막으로, 예수 그리스도는 하나님의 계시자이고 성령은 하나님의 계시자입니다.

이러한 특징이나 역동성을 강조하는 성경 구절이 있습니다. 이것을 주목하십시오. 사도행전 2장 32-33절은 "하나님이 이 예수를 살리셨다"고 말합니다. 그리고 "하나님이 오른손으로 예수를 높이시매 그가 약속하신 성령을 아버지께 받아서 너희가 보고 듣는 이것을 부어 주셨느니라"고 말합니다. 이 구절에는 '삼위일체'라는 단어가 사용되지 않았지만, 세 분(아버지, 아들, 성령)을 모두 언급하고 있으며, 서로 간의 상호 작용과 상호 작용을 통해 이루어지는 것에 대해 이야기하고 있습니다. 또는 로마서 3장 25절의 "이 예수를 하나님이 그의 피로써 믿음으로 말미암는 화목제물로 세우셨으니"라는 구절을 보십시오. 여기에서 예수님은 자신을 희생 제물로 제시하는 것으로 묘사되지 않고, 하나님 아버지께서 예수 그리스도를 희생 제물로 제시하신 것으로 묘사됩니다. 일치에 관해서는 요한복음 14장의 다음 구절을 보십시오. "내가 아버지 안에 거하고 아버지는 내 안에 계신 것을 네가 믿지 아니하느냐 내가 너희에게 이르는 말은 스스로 하는 것이 아니라 아버지께서 내 안에 계셔서 그의 일을 하시는 것이라"(요 14:10) 그리고 11절에 이렇게 기록되어 있습니다. "내가 아버지 안에 거하고 아버지께서 내 안에 계심을 믿으라 그렇지 못하겠거든 행하는 그 일로 말미암아 나를 믿으라" 요한복음 몇 장 뒤에서 예수님은 이렇게 기도하셨습니다. "아버지여, 창세 전에 내가 아버지와 함께 가졌던 영화로써 지금도 아버지와 함께 나를 영화롭게 하옵소서"(요 17:5) 이 말씀은 하나님 아버지와 아들 하나님 사이의 관계와 연합을 말해주는 것입니다.

그리스도가 하나님의 계시라는 것을 고려해 볼 때, 골로새서 2장의 다음 구절을 생각해 보시기 바랍니다. "그리스도 안에 모든 하나님의 충만이 육체적으로 거하심이라"(골 2:9) 이 책의 다른 부분에서 바울은 그리스도가 하나님의 형상, 이미지, 계시라고 말할 것입니다. 그리고 고린도후서 3장의 흥미로운 구절을 주목해 보십시오. 이 구절은 일종의 뒷문처럼 다른 두 분과 성령의 본질적인 일치를 이야기합니다. "주는 영이시니 주의 영이 계신 곳에는 자유가 있느니라"(고후 3:17) 따라서 성경은 "삼위일체" 또는 "삼위일체론"이라는 단어를 사용하고 있지 않지만, 세 분이 계심을 알 수 있습니다. 그들은 영원 전부터 관계를 맺어 왔습니다. 그들은 서로 협력하고 함께 일한다는 점에서 본질적인 일치를 공유합니다.

다시 한번 살펴보겠습니다. 삼위일체적 예배는 삼위일체적 구원과 관련이 있습니다. 이미 여러 번 지적했듯이, 성경에는 그 단어가 나오지 않지만, 구원은 성령의 능력으로 예수 그리스도를 통해 아버지 하나님으로부터 오는 것으로 묘사됩니다. 'from,' 'through,' 'in'과 같은 전치사들을 주목해 보십시오. 예배를 고려하기 시작할 때, 그것들은 거울에 비친 것처럼 반사될 것입니다. 또한, 이 세 분은 영원 전부터 존재해 온 깊고 지속적인 일체감과 사랑의 관계가 있는 것으로 간주됩니다. 그들은 하나입니다. 또한, 제가 이미 지적했듯이, 예수 그리스도는 하나님의 계시로 묘사되고 성령은 하나님의 계시자입니다.

이것이 예배를 이해하는 데 어떤 관련이 있는지 살펴봅시다. 예배가 삼위일체적이라는 것은 구원이 삼위일체적이라는 것과 관련이 있습니다. 예배가 삼위일체적이라는 것은 예배 중에 "삼위일체"나 "삼위일체적"이라는 단어를 사용한다는 것을 의미하지 않습니다. 예배가 삼위일체적이라고 해서 그런 단어를 말할 필요는 없습니다. 그러나 그것은 우리의 구원이 성령의 능력으로 예수 그리스도를 통해 아버지 하나님으로부터 온 것이라고 묘사하는 것을 의미합니다. 예배에서 하나님의 구원 활동에 대해 이야기할 때, 우리는 그 전치사에 주의를 기울이고, 그것을 그렇게 묘사해야 합니다. 하나님으로부터 그리스도, 그리고 성령의 능력으로. 거울에 비친 모습은 이렇습니다. 그것은 성령의 능력으로 예수 그리스도를 통해 하나님께 예배를 드리는 것을 의미합니다. 구원이 성령의 능력으로 그리스도 안에서 하나님께로부터 오듯이, 예배는 성령의 능력으로 그리스도 안에서 아버지 하나님께로 돌아갑니다.

 또한 그것은 우리들 사이에 진정한 사랑의 일치를 반영하는 것을 의미합니다. 왜냐하면 뚜렷한 개성을 갖는 것이 실제적인 진정한 일치를 부정하지 않기 때문입니다. 이것은 삼위일체 하나님을 고려할 때 찾게 되는 근본적인 진리입니다. 비록 그분들이 세 분의 인격이시지만, 그분들은 여전히 하나이십니다. 따라서 비록 우리가 교회의 개별적인 구성원들이지만, 우리는 사랑과 성령의 능력을 통해 진정한 일치를 이룰 수 있습니다. 그리고 마지막으로, 삼위일체 하나님을 경배한다는 것은 세 분 모두를 찬양의 대상이자 예배할 가치가 있는 분으로, 우리의 기도를 들을 수 있는 분으로 모시는 것을 의미합니다. 우리는 세 분 모두를 공경할 수 있습니다. 그러므로 예배는 성령의 능력으로 예수 그리스도를 통해 아버지 하나님께 드리는 것일 뿐만 아니라, 아버지, 아들, 성령을 향한 우리의 예배와 찬양과 존귀와 영광을 드리는 것이 될 수 있습니다.

　이 장의 나머지 부분에서 강조하고 싶은 몇 가지 유형의 파생적인 요점이 있습니다. 왜냐하면 그것들은 우리에게 실질적으로 적용될 수 있다고 생각하기 때문입니다. 첫 번째 요점은 예배는 우리에게 달려 있지 않다는 것입니다. 생각해 보십시오. 세상이 창조되지 않았고 사람이 존재하지 않았다면, 하나님에 대한 참된 예배가 여전히 존재했을까요? 우리는 예배를 인간의 활동으로 생각하는 데 너무 익숙해져 있어서, "아니, 세상이 창조되지 않았고 사람이 없었다면 예배가 있을 수 없었을 것이다"라고 말하는 것이 첫 번째 반응일 수 있습니다. 그러나 저는 그 대답이 실제로는 그 반대라는 것을 여러분에게 강조하고 싶습니다. 예배를 위한 주도권은 우리로부터 시작되지 않습니다. 예배는 하나님 아버지, 예수 그리스도, 성령 사이의 관계에서 이루어지는 하늘의 영원한 활동입니다. 그리고 이 땅에서의 참 예배는 예수 그리스도와 하나님 아버지의 활동에서 비롯됩니다. 다음 장에서 이 주제에 대해 좀 더 자세히 살펴보겠습니다. 그러나 잠시 이 점을 생각해 보겠습니다. 세상이 창조되지 않았고 사람이 존재하지 않더라도 하나님 아버지, 예수 그리스도, 성령 사이에 사랑과 존귀하심, 인정, 찬양이 있을 것입니다. 세상이 창조되지 않았더라도 예배가 있을 것입니다. 그것은 소비주의 문화를 통해 우리를 예배가 정말로 우리 자신에 관한 것이고 우리로부터 시작된다고 생각하도록 만들었기 때문입니다. 소비주의적 관점에 따르면, 그것은 주로 우리의 활동이고, 그것은 기본적으로 우리의 경험에 근거하여 평가되어야 합니다. 따라서 예배가 우리로부터 분리되어 존재한다는 것은 매우 놀라운 일입니다. 그것은 우리를 겸손하게 만들고, 우리를 조금씩 흔들리게 하고, 우리에게 더 많은 질문을 하게 할 것입니다.

그중 하나는 제가 여러분에게 제안하고 싶은 것입니다. 예배는 이미 진행되고 있는 온라인 채팅방에 로그인하는 것과 비슷하다는 것입니다. 예배가 본질적으로 그리고 원래는 하나님 아버지, 예수 그리스도, 성령 사이의 관계와 상호 작용이라면, 우리가 특정 주일에 예배를 드리기 위해 모일 때 우리가 하는 일은 마치 영원 전부터 계속되어 온 그 관계와 상호 작용에 로그인하는 것과 같습니다. 예배도 영원한 활동이며, 지금 하늘의 모든 천사들이 그 활동에 끌려 들어가고 있습니다. 우리의 예배는 네 벽으로 둘러싸인 한 장소에서만 이루어지는 것이 아닙니다. 우리의 예배는 한 장소에서 이루어질 수 있지만, 실제로는 계속되는 하늘의 영원한 활동에 참여하는 것입니다.

그러므로 두 번째 요점은 우리의 예배조차도 우리에게 달려 있지 않다는 것입니다. 의존성이라는 관점에서 이 점을 좀 더 자세히 설명해 보겠습니다. 우리의 예배는 그리스도의 중재를 통해 드려집니다. 그것은 그리스도 안에서 그리고 그리스도를 통해 드려집니다. "중재"라는 단어를 강조하고 싶습니다. 그것이 매우 중요합니다. 그리스도께서는 우리의 구원과 은혜를 하나님으로부터 우리에게 중개해 주시는 것뿐만 아니라, 우리의 예배, 은혜에 대한 보답, 감사함도 하나님에게 중개해 주십니다. 그리스어로 표현할 수 있다면 그리스어 단어의 흥미로운 반전이라고 할 수 있습니다. 우리의 감사는 예수 그리스도를 통해 하나님께 돌려집니다. 한 가지 중요한 증거는 예배에서 그리스도인들이 예수 그리스도를 통해 또는 예수님의 이름으로 기도하는 것으로 기도를 끝맺음으로 이 중재를 은연중에 언급하는 경향이 있다는 것입니다. 이것이 중요한 이유는, 지금 우리가 혼자서 드리는 예배가 어떤 식으로든 항상 불완전하기 때문입니다. 그러나 그리스도께서는 우리의 예배를 온전하게 하시고, 그분의 기도와 하나님에 대한 예배를 하나로 묶으시면서, 동시에 하나님 아버지의 은혜와 축복의 중재자 역할을 하십니다. 우리의 예배는 하나님께 드려지지만, 독립적으로 드려지는 것이 아니라 예수께서 하나님께 드리는 예배와 경외에 결합되어 있습니다. 예배가 우리에게 의존하지 않는다는 사실을 아는 것은 우리에게 큰 위로가 될 수 있습니다.

신학자인 토렌스가 그의 저서 "예배, 공동체, 그리고 삼위일체 하나님의 은혜(Worship, Community, and the Triune God of Grace)"에서 이것을 설명했습니다. 그는 이렇게 말합니다.

"기독교 예배는 따라서 성령을 통해 아들이 아버지와의 교제에 참여하는 것이며, 그의 대속적인 예배와 중보의 삶에 참여하는 것입니다. 이는 그리스도 안에서 우리를 위해 행하신 모든 것에 대한 우리 아버지에 대한 우리의 응답입니다. 이는 그리스도 안에서 우리를 위해 드려진 유일한 참된 제사에 대한 응답으로, 몸과 마음과 영으로 자신을 드리는 것입니다. 하나님의 은혜(charis)에 대한 우리의 감사

(eucharistia)의 응답, 그리스도의 천상 중보에 은혜로 참여하는 것입니다. 감사의 말이나 감사(eucharistia; c-h-a-r-i-s가 중간에 있습니다)와 하나님의 은혜(charis)라는 그리스어 단어 사이의 관계를 주목하십시오. 하나님으로부터 그리스도를 통해 우리에게 오는 것은 은혜입니다. 우리로부터 그리스도를 통해 하나님 아버지께 돌아가는 것이 감사입니다. 그러나 본질적인 특성은 사랑입니다."

이것은 우리에게 큰 안도감이 될 것입니다. 저는 많은 목회자와 음악가들이 주일 아침에 예배의 모든 것, 책임이 우리에게 달려 있다는 끔찍한 의무감을 느낀다는 것을 알고 있습니다. 그렇지 않습니다. 그것은 예수 그리스도에게 달려 있습니다. 우리는 하나님께서 우리를 받아들이실 수 있는지, 아니면 우리가 드리는 예배를 받아들이실 수 있는지에 대해 우리 자신에게 의존할 필요가 없습니다.

### 삼위일체론적 접근 방식

세 번째로, 삼위일체적 은혜와 감사의 방식을 우리가 "기능적 일신론(functionally unitarian)"이라고 부를 수 있는 접근 방식과 비교해 보겠습니다. 그리고 이것은 본질적으로 일차원적인 예배에 대한 접근 방식입니다. 제가 이 문장에 다른 단어를 추가할 수 있다면, 예배는 우리가 하나님께, 하나님을 위해 하는 것만으로 정의된다고 말할 수 있습니다.

이런 접근 방식을 취하면, 누군가가 주일 아침에 예배에 참석해서 예배에서 일어나는 일을 살펴보게 되는데, 그들은 눈과 머리가 말해주는 것, 또는 머리 옆에 있는 귀가 들려주는 것을 1차원적인 수준으로만 보고 있습니다. 그들이 보고 듣는 것은 예배에서 일어나는 일이라고 생각하는 것입니다.

반면 삼위일체론적 접근법은 성령의 적극적인 역할을 분별하고 깨우쳐 주며, 우리를 예수 그리스도께로 인도합니다. 그것은 하나님 아버지께 예수님과 하늘의 모든 천사들이 기도하고 헌신하는 것을 들을 수 있는 귀와 마음을 우리에게 줍니다.

이 두 가지 접근 방식을 좀 더 자세히 비교해 보겠습니다. 기능적 단일주의 접근 방식은 예배를 주로 하나님을 향한 인간의 활동으로 강조합니다. 그러므로 중재나 그리스도의 사제직, 또는 그 사제직에 대한 우리의 연합이 필요하지 않습니다. 다시 말해서, 하나님은 너무 가까우시거나 너무 멀어서 우리가 직접 접근할 수 있거나 접근할 수 없는 상태에 있습니다. 둘 중 하나를 선택하는 것이 기능적으로 일원론적일 수 있습니다. 그래서 예배는 우리가 하는 일이고, 우리는 그것을 하나님의 방향으로 전달합니다.

반면에 삼위일체론적 접근은 하나님이 참 예배의 대상일 뿐 아니라, 육신으로 오신 구주, 육신으로 오신 하나님, 예수 그리스도의 인격 안에서 참 예배를 드릴 수 있는 분이라는 것을 보여줍니다. 즉, 하나님은 예배를 받으시는 분일 뿐 아니라, 예배를 가능하게 하시고 실제로 예배에 관여하십니다. 하나님-인간과 인간-하나님 사이의 움직임은 모두 신성한 행위입니다. 이것은 또한 그리스도께서 양방향 중재자로서 아버지 하나님의 은혜를 중재하고 아버지 하나님에 대한 예배를 중재하신다는 것을 의미합니다. 그리고 그리스도께서는 지상과 하늘에서 예배를 성취하시는 우리의 궁극적인 제사장이십니다. 예수 그리스도는 언제나 그리고 계속해서 참되게 인도하시는 예배자이십니다. 이 사실을 깊이 새겨 보시면, 그 사실을 깨닫게 될 것입니다.

좀 더 대조적인 점을 살펴보겠습니다. 기능적 일신론 접근 방식은 성령이 우리를 섬기거나, 그리스도 또는 그분의 활동에 동참하거나, 교회의 예배에 비판적으로 힘을 실어주는 역할을 하지 않습니다. 예배가 단지 인간의 활동일 수 있다면, 성령의 역할이 없거나 성령으로 충만할 필요가 없습니다.

반면 삼위일체론적 접근 방식은 성령을 위해 중요한 역할을 합니다. 성령을 통해 교회는 그리스도께 연결되어, 그리스도께서 우리를 통해 중재하시는 예배를 은혜롭게 드릴 수 있습니다. 그리고 성령의 능력을 통해 우리는 그리스도께 참여합니다. 우리는 그분과 그분의 예배 활동에 연결됩니다.

삼위일체론적 접근의 비교 요점을 요약하면, 이 접근은 그리스도가 하나님 아버지께서 받아들일 만한 예배를 드린 유일한 분으로서 독특한 신권에 중점을 둡니다. 또한, 우리 인류와 특별한 화목과 일치를 이루는 성육신 구원자로서 그리스도에 중점을 둡니다. 그리고 성령을 통해 우리가 어떻게 그리스도와 연합되어 그리스도의 왕 같은 제사장 직분과 그리스도의 지속적인 예배에 참여하게 되는지에 대한 가능성을 강조합니다.

네 번째 요점은 성령의 중요한 역할을 강조하는 것입니다. 성령을 통해 우리의 예배는 그리스도를 통해서만 이루어지는 것이 아니라 그리스도 안에서 이루어짐을 주목해야 합니다. 좀 더 구체적으로 말하자면, 우리가 예배할 때 그리스도께서 우리 안에 계신다는 것을 깨달아야 합니다. 그러니 두 가지 차원을 주목할 필요가 있습니다. 성령은 우리에게 그리스도와 하나되게 하시고, 성령은 우리에게 추상적인 힘을 주는 것이 아니라 그리스도로부터 힘을 주십니다. 그리스도를 통해, 그리고 성령으로 그리스도 안에서 이루어지는 이 두 가지 역동성은 설교, 기도, 찬양의 구체적인 예배 행위로 표현될 수 있고 표현되어야 합니다. 간단히 말하면, 성령으로 인해 그리스도께서 우리 안에서 이 모든 일을 하신다는 사실입니다. 그리스도께서 우리 안에서 기도하시고, 우리 안에서 설교하시고, 우리 안에서 찬양의 말씀을 전하십니다. 성령으로 충만할 때, 우리가 하나님을 찬양하기 위해 목소리를 높일 때, 그것은 그리스도께서 우리의 입술을 사용하여 하나님을 찬양하게 하시는 것입니다. 그것은 정말 놀랍습니다. 예배가 참으로 삼위일체적이라면 예배는 참으로 우리에게 의존하지 않고, 우리를 중심으로 하지 않으며, 우리로부터 시작되지 않습니다.

여기 이 진리의 생생함과 놀라움에 휩쓸린 사람의 예가 있습니다. 5세기 감독이자 신학자인 어거스틴(Augustine)입니다. 그는 교회에 모인 사람들이 예배드리는 것에 대해 이렇게 말합니다.

"우리가 기도할 때, 우리는 하나님인 그리스도께 기도합니다. 그리고 동시에 그리스도께서는 우리를 위해 기도하십니다. 이것이 그리스도의 하늘에서의 활동입니다. 그리고 놀라운 것은 우리의 머리이신 그리스도께서 우리 안에서 기도하신다는 것입니다. 그러므로 우리 안에 있는 그의 말씀을 인식합시다."

이것은 우리가 교회, 즉 그리스도의 몸으로 모였을 때 그리스도가 우리 가운데 어떻게 활동하고 계시는지 인식하고 분별하기 위해 더 깊은 분별력과 성령의 진정한 능력을 필요로 합니다.

### 페리코로시스(perichoresis)

다섯 번째이자 마지막 요점은 삼위일체적 예배의 놀라운 역동성을 이해하는 데 도움이 되는 이미지를 여러분과 공유하는 것입니다. 저는 이것을 하늘의 진정한 춤에 참여하는 것이라고 부릅니다. 그리고 그것을 지금 여러분에게 은유적으로 설명해 드리겠습니다.

삼위일체 관계를 묘사하는 고전적인 강조점을 언급하면서 시작하겠습니다. 아버지, 아들, 성령의 세 인격이 서로 어떻게 관련되어 있는지를 묘사하는 데 사용되는 가장 오래된 용어 중 하나는 사실 춤의 용어인 '페리코로시스(perichoresis)'입니다. 말 그대로 그것은 '원무(圓舞)'를 의미합니다. 삼위일체는 끊임없는 활동과 움직임에 관여하고 있으며, 이러한 움직임의 소용돌이 속에서 우리는 그들의 일치를 볼 수 있습니다. 우리는 어떻게 삼위일체의 춤에 참여할 수 있을까요? 여기에 제가 어린 시절의 기억에서 얻은 비유가 있습니다. 여러분도 이와 매우 유사한 것을 가지고 있을 것입니다. 어렸을 때, 엄마나 아빠가 저를 불러서 손을 꼭 잡고 발을 잡고 올라가 보라고 하셨습니다. 그리고 저는 발을 꼭 잡고 엄마나 아빠의 손을 잡았습니다. 그러면 엄마나 아빠는 방을 돌면서 춤을 추기 시작합니다. 엄마든 아빠든, 저는 엄마나 아빠가 하는 일에 정말 집중했습니다. 그리고 저는 두 분의 손을 꼭 붙잡고, 두 분의 발을 꼭 붙잡고, 두 분의 움직임을 예측하고, 두 분이 어디로 어떻게 움직일지 파악하려고 노력했습니다. 그리고 우리는 함께 춤을 췄습니다.

저는 우리가 삼위일체의 영원한 '원무'에 참여하는 방법은 바로 이것이라고 말씀드리고 싶습니다. 그것은 그리스도와 하나가 되는 것입니다. 우리의 손이 그분의 손에 잡히고, 우리의 발이 그분의 못에 찔린 발 위에 놓이고, 성령이 그리스도의 움직임과 흔들림에 주의를 기울이고, 그리스도가 무엇을 하고 계시는지, 삼위일체의 역동 속에서 어떻게 움직이고 계신 지와 일치하는 것입니다. 그것이 우리가 삼위일체의 영원한 '원무'에 참여하는 예배입니다.

그리고 우리가 그렇게 할 때, 그것은 그리스도의 움직임입니까, 아니면 우리 자신의 움직임입니까? 그것은 그리스도의 능력입니까, 아니면 우리 자신의 능력입니까? 그것은 그리스도의 예배입니까, 아니면 우리 자신의 예배입니까? 그리고 그 대답은 '그렇다'입니다. 저는 엄마와 아빠의 발자취를 따라 배웠습니다. 우리가 함께 춤을 추면서,

그것은 엄마의 움직임이었지만, 동시에 제 것이기도 했습니다. 그것은 아빠의 힘이었지만, 동시에 제 것이기도 했습니다. 그것은 부모님의 춤이었지만, 동시에 제 것이기도 했습니다. 우리가 함께 춤을 추면서, 단합이 이루어졌습니다.

그러면 기독교 예배 신학이 사실이라면 여기서 얻을 수 있는 교훈은 무엇일까요? 기독교 예배가 삼위일체를 묵상하는 것에서 비롯될 수 있다면, 그것이 우리의 예배에 어떤 차이를 가져다줄까요? 우선, 우리는 더 깊이 분별할 필요가 있습니다. 주일 아침에 와서 일차원적인 수준에서 보는 것만으로는 만족스럽지 않습니다. 우리는 성령으로 충만해지고 우리 가운데서 그리스도의 활동을 분별할 필요가 있습니다. 우리는 또한 그리스도께 더 온전히 의지해야 하며, 따라서 긴장을 풀고 자기중심적인 태도를 버려야 합니다. 예배의 적절성, 즉 우리가 잘 수행하는 것이 예배의 적절성에 달려 있다고 생각하는 자기중심적인 태도나, 우리에게 예배의 적절성이 가장 중요하다고 생각하는 자기중심적인 태도를 버려야 합니다.

셋째, 우리는 오직 한 분, 그리스도께서 예배하는 분을 예배하고, 그리스도께서 기도하시는 분을 사랑해야 합니다. 즉, 그리스도만이 우리 예배의 유일한 대상이 되어서는 안 된다는 의미입니다. 저는 교회에서 여러 번 그런 것을 보았습니다. 그들의 찬양은 특히 예수 그리스도를 찬양하는 데 너무 집중되어 있어서, 예수님이 존경하시는 분인 하나님 아버지가 계심을 잊어버리고 있습니다. 즉, 특히 우리의 찬양 가사에서는 하나님을 언급하는 모든 것을 예수 그리스도로 축소해서는 안 된다는 뜻입니다.

넷째, 예배에 사용할 요소를 선택할 때 적절성을 고려해야 합니다. 우리가 예수 그리스도의 입술에서 무슨 말을 하고 있는지 상상할 수 있습니까? 아니면 우리가 하는 일이 그리스도의 활동의 일부라고 상상할 수 있을까요? 다음으로, 우리들 사이의 사랑과 단합이 기초가 되어야 합니다. 사랑이 아버지, 아들, 성령 사이의 단합의 유대이고, 그분들의 고유성이 그 단합을 훼손하거나 약화시키거나 부정하지 않는 것처럼, 교회 구성원으로서의 우리 자신의 고유성이 성령에 의한 예수 그리스도의 사랑이 있는 곳에 본질적인 단합을 가질 수 있습니다. 따라서 예배자들은 성령으로 충만해야 합니다. 그렇다고 해서 예배에서 흥분하거나 황홀해하는 것만을 의미하는 것은 아닙니다. 그것은 무엇보다도 사랑으로 충만해지는 것을 의미합니다.

제 6 장

# 예수님의 삶과 사역의 예배 신학

# 제6장
## 예수님의 삶과 사역의 예배 신학

### 하나님께 영광 돌리는 예배

 예수 그리스도의 지상 생애와 사역이 얼마나 놀라운지 생각해 보시기 바랍니다. 또한 그분의 생애와 사역이 오늘날 우리의 예배의 기초가 될 수 있다는 사실도 놀랍습니다. 이 장에서는 예수의 생애와 사역을 하나님을 위한 예배 예식으로 바라보는 예배 신학을 살펴보겠습니다.
 여러분 중에는 '예전'이라는 단어를 생소하게 생각하거나, 너무 좁은 의미로 이해하여 예수님의 사역이 예전이고 예수님 자신이 예전의 역사라는 것을 상상할 수 없는 분들이 있을 것입니다. 그러니 잠시 시간을 내어 이 단어를 명확히 정의해 보겠습니다. '예전'이라는 단어는 사실 두 개의 그리스어 단어에서 유래되었습니다. 하나는 '사람'을 의미하는 '라오스(laos)'이고, 다른 하나는 '일'을 의미하는 '에르곤(ergon)'입니다. '예전'은 이 두 단어의 융합으로, 문자 그대로 '사람의 일'을 의미합니다. 이 단어는 고대 교회에서 널리 사용되었지만, 교회 밖에서도 사용된 단어입니다. 그리고 그것은 사람들을 대신하여 행해지는 일, 사람들을 위한 자선 사업일 수 있습니다. 제가 아주 부자이고, 거대한 레크리에이션 및 커뮤니티 센터를 건설함으로써 지역 사회에 환원하고 싶다고 가정해 보겠습니다. 그것은 '예전'입니다. 그것은 사람들을 대신하여 행해지는 일입니다. 그러나 '예전'은 사람들이 행하는 일일 수도 있습니다. 레크리에이션 센터에서 그 일을 하는 것이 실제로는 전체 지역 사회의 자원봉사자들에 의한 노동이라고 상상해 보겠습니다. 그것이 레크리에이션 센터, 지역 사회 센터가 '예전'이 될 수 있는 두 번째 방법입니다. '예전'은 사람들을 대신해서 행해지는 일일 수도 있고, 사람들이 행하는 일일 수도 있습니다.

저는 여러분에게 예수님의 삶과 사역이 두 가지 의미에서 '예전'이라고 말할 것입니다. 예수님이 사역을 통해 행하셨고 지금도 하늘에서 행하고 계신 일은 사람들을 위한 일입니다. 그러나 우리는 그 일에 참여할 수 있기 때문에 그것은 또한 사람들이 행하는 일입니다. 즉, 우리는 그분의 예배에 참여하고 우리의 예배는 그분의 예배의 일부가 될 것입니다.

그러면 예수님의 '예전'과 '예전'을 담당하는 예수님, 그리고 우리가 그분의 '예전'에 참여하도록 부름받은 방법에 대해 자세히 살펴보도록 하겠습니다.

저는 이 장에서 예배 역사학자 로버트 태프트(Robert Taft)의 특정 글에서 큰 영감을 받았음을 미리 말씀드립니다. 그 기사의 제목은 "예전은 무엇을 하는가?"입니다. 그는 거의 20년 전에 이 글을 발표했지만, 저는 여전히 유익하다고 생각합니다. 제가 이 강의에서 하고 있는 것은 태프트(Taft)의 주요 요점을 제가 직접 해석하고 제 나름대로의 해석을 덧붙이는 것입니다. 그는 개신교 신자가 아니기 때문에, 저는 개신교 예배 인도자와 예배 참석자들의 귀에 더 잘 들리고 더 이해하기 쉬운 방식으로 해석하려고 노력하고 있습니다.

첫 번째 요점은 이것입니다. 예수님은 예배의 세계를 뒤집어 놓으셨습니다. 유대 민족은 성전과 여러 회당을 중심으로 한 예배의 형태가 꽤 잘 확립되어 있었습니다. 그들은 특정한 관행과 용어를 사용했습니다. 예수님은 이 모든 것을 뒤집어 놓으셨습니다.

그러므로 예수님 이전에 행해졌던 예배는 예수님이 행하실 예배로 이어집니다. 구체적으로, 구약 성경의 많은 예배 단어와 개념은 기독교인들에게 계속 사용될 것이지만, 예수님에 관한 단어와 개념이 될 것입니다. 그리고 초기 기독교인들의 예배 행위로 여겨지는 것 중 하나는 바로 예수 그리스도의 구속하는 삶과 사역이었습니다. 신약 성경과 모든 고대 예전에서 여러 번 언급하고 있듯이, 우리가 죄의 노예가 되었을 때, 예수님은 우리의 죄를 위해 죽으시고 우리의 구원을 위해 죽음에서 부활하셨습니다. 예수님은 우리를 하나님과 화목하게 하시고, 하나님과 예수 그리스도, 그리고 서로 간의 화합을 이루게 하셨습니다. 제가 이 성경 구절을 보여드린다면, 많은 분들이 복음에 대한 훌륭하고 간결한 설명이라고 생각하실 것입니다. 그렇습니다. 그러나 저는 또한 이 구속의 행위가 예수님의 사역이며, 우리가 그분의 예전을 고려해야 한다고 여러분에게 제안하고 싶습니다. 신약 성경에 따르면, 예수님의 구속 행위가 바로 새로운 예전입니다. 구세주이신 예수님과 그분의 아버지 하나님의 뜻에 대한 사랑과 순종은 하나님께 영광을 돌리는 예배 행위입니다.

예수님이 예배의 세계를 뒤집어 놓으신 방법입니다. 이전 방식의 모든 것들이 여전히 사용되고 있었지만, 갑자기 예수님께 적용되었습니다. 예수님은 새로운 형태, 새로운 의식, 우리가 따라야 할 새로운 예식의 목록을 만들지 않으셨습니다. 예수님은 오셔서 자신을 바치시고, 다른 사람들을 섬기시고, 십자가에서 목숨을 버리시고, 부활로 새로운 삶으로 부활하셨습니다. 이 모든 것이 하나님께 영광을 돌렸습니다. 그것은 새로운 예배로 예식의 집합이나 목록이 아닙니다. 예수 그리스도의 구원 사역, 구속 사역, 섬김, 죽음, 부활을 의미합니다. 따라서 예수 그리스도는 새로운 예배 예식이고, 최종적인 예배 예식입니다. 그분의 화해 사역은 이전의 구식 예배 예식에서 사용되었던 모든 것을 새롭게 채우고 대체합니다.

예배가 어떻게 뒤집어지고 많은 고전 용어의 의미를 바꾸는지 성경을 통해 알 수 있습니다. 요한복음 1장 14절에 따르면 예수 그리스도는 새로운 성막입니다. 요한복음 1장 51절에 따르면, 그는 새로운 벧엘, 하나님의 집, 천사들이 오르내리고 하나님이 거하시는 곳입니다. "또 이르시되 진실로 진실로 너희에게 이르노니 하늘이 열리고 하나님의 사자들이 인자 위에 오르락 내리락 하는 것을 보리라 하시니라"(요 1:51)

요한복음 2장에 따르면 그는 새로운 성전입니다. 그는 사람들을 하나님과의 언약 관계로 이끌어 들이기 위해 새로운 할례로서 그들을 예배자로 만듭니다. 빌립보서와 골로새서에 따르면 예수님은 육체의 할례가 아니라 마음의 할례를 가져오십니다. 예수 그리스도는 참으로 새로운 인류를 시작하셨습니다. 그는 새로운 아담으로서 낙원에서 제사장 역할을 수행하고 있습니다. 예수님은 히브리서 4장 9절에 따라 우리에게 새로운 안식일을 주십니다. 예수님 자신이 바로 새로운 '유월절 양'입니다. 좀 더 구체적으로 말하자면, 요한복음 1장 29절에 따르면, 예수님은 세상의 죄를 없애시는 하나님의 어린 양입니다. 그러므로 예수님은 제물로 바쳐진 분, 즉 하나님의 어린 양일 뿐 아니라, 제물을 바치는 분이기도 합니다. 히브리서 4장 14절은 예수님을 새로운 대제사장으로 묘사합니다. 그래서 본질적으로, 우리가 말할 수 있는 것은 옛 의식과 예식을 볼 수 있고, 옛 예식 용어를 볼 수도 있으며, 그것들은 모두 여전히 유효하다는 것입니다. 그러나 그것들은 이제 예수님에 관한 것입니다. 성막, 벧엘, 성전에 관한 지리적 용어는 이제 사람에 관한 역사적인 용어이며, 장소나 건물이 아닙니다. 이것은 옛 예배 세계가 완전히 뒤집힌 것입니다.

그리고 놀라운 것은, 이것이 예수님의 업적과 그분이 누구신지에 대해 영광을 하나님께 돌리게 하고, 사람들을 위한 일이라는 것입니다. 예수님이 구속하셨듯이, 예수님은 하나님을 영화롭게 하셨습니다.

성경에 나오는 말씀대로, 예수님은 모든 것의 전부이십니다. 또는 요한계시록 22장에 나오는 말씀처럼, "예수님은 알파와 오메가, 처음과 끝, 시작과 끝이십니다." 예배에서 명확하게 정의되고 예배에서 표현되는 모든 것은 예수 그리스도의 존재와 행하심에서 찾을 수 있습니다. 즉, 예배에서 그분 앞에 있었던 모든 것은 그분 안에서 성취된다는 의미입니다. 그래서 바울이 이 점을 강조하려고 한 골로새 2장의 흥미로운 구절이 있습니다. "그러므로" 그는 골로새의 그리스도인들을 격려하며 "누구도 음식이나 음료, 또는 절기, 초하루, 안식일(다양한 예배 방식의 모든 세부 사항)에 관해 여러분을 비난하지 못하게 하십시오. 이것들은 앞으로 올 것의 그림자에 불과하지만, 예수 그리스도의 본질(진정으로 필수적인 것, 예배가 실제로 무엇에 관한 것인지에 관한 것)입니다."라고 말합니다.

예수님이 누구이며 무엇을 하셨는지가 새로운 예전이라면, 우리의 주된 예배는 그리스도 안에 있고 그리스도를 통해 사는 것입니다. 우리의 예배는 그분과 분리되어서는 안 됩니다. 그분 안에서 그분이 하시는 일과 그분이 누구이신지를 발견해야 합니다. 예수 그리스도는 새로운 예배 예식이자 새로운 예배 예식의 집례자입니다. 우리가 예배에서 하는 모든 일은 그분에게서 비롯되어야 하며, 그분 안에서 발견될 수 있습니다. 그리고 그것은 우리가 주일에 모일 때만 일어나는 것이 아니라, 매일 일어납니다. 로버트 태프트가 이를 다음과 같이 요약했습니다.

"우리의 예배는 육신이 되신 구원자이신 그리스도께로 이끌려 그분의 삶을 살아가게 하는 것입니다. 그분은 죄를 위해 죽으시고 그분 안에서 새로운 삶을 얻게 하신다는 것을 우리에게 보여 주셨습니다. 요컨대, 우리의 구원은 하나님의 영광을 위한 것이며, 하나님께서 우리에게 주시는 것입니다. 우리가 하나님께 가는 것이 아닙니다. 하나님은 성령을 통해 교회에 거하시며 움직이십니다."

첫 번째 문장을 자세히 살펴보십시오. "우리의 예전, 우리의 예배." 태프트는 이것에 대한 정의를 내리려고 합니다. 많은 사람들이 이렇게 말할 것입니다. "그럼, 제가 제 예배가 어떤지 말씀드리겠습니다. 40분 동안 찬양을 부르고, 성경 읽기를 듣고, 훌륭한 설교를 듣고, 권면을 듣고, 마지막 찬양을 부르는 것이 제 예배입니다." 잠깐 멈추고 생각해 보겠습니다. 그것은 예배를 명확하게 정의하는 한 가지 방법입니다. 그러나 태프트는 그리스도 안에서 살아가고, 그분에게 형성되고, 십자가에 의해 형성되고, 그분의 부활의 능력으로 새롭게 된 삶을 살며, 월요일부터 주일까지 그것을 체험하고 실천하는 것이 더 근본적인 것, 즉 그리스도인들이 진정으로 하는 기독교 예배라고 제안하고 있습니다. 그것이 먼저 지켜져야 할 예전이고, 예배입니다.

신약 성경을 보면, 예수님과 함께 그리고 예수님 안에서 살고 있는 충실한 제자들에게 이전의 모든 예배 언어와 예배의 범위가 적용되는 곳을 엿볼 수 있습니다. 마가복음 10장에 흥미로운 구절이 있습니다. 예수님이 제자들을 가르치시면서 이렇게 말씀하셨습니다. "너희는 내가 마시는 잔을 마시며 내가 받는 세례를 받을 것이다." 예수님은 이제 그들에게 주님의 만찬과 세례 예식을 뒤에서 언급하는 방식으로 말씀하지 않으십니다. 그분이 말씀하시는 것은 이것입니다. "너희는 나를 닮게 될 것이다. 세상이 나를 거부하고 내가 겪을 고통을 너희도 겪게 될 것이다. 너희도 이 잔을 마시고, 이 세례를 받을 것이다. 이 세례는 나의 죽음이다." 또는 로마서 12장을 생각해 보겠습니다. 여기서 바울은 헌금과 희생에 관한 구약의 언어를 사용하고 있습니다. 그가 이것을 사용하여 그리스도인의 삶이 어떠해야 하는지, 그리고 그리스도인 제자의 일상생활이 어떠해야 하는지를 묘사하고 있습니다. "그러므로 형제들아 내가 하나님의 모든 자비하심으로 너희를 권하노니 너희 몸을 하나님이 기뻐하시는 거룩한 산 제물로 드리라 이는 너희가 드릴 영적 예배니라 너희는 이 세대를 본받지 말고 오직 마음을 새롭게 함으로 변화를 받아 하나님의 선하시고 기뻐하시고 온전하신 뜻이 무엇인지 분별하도록 하라"(롬 12:1-2) 모든 그리스도인은 진정한 사제이지만, 우리는 동물을 다루지 않습니다. 우리는 우리 자신을 바치고, 그리스도 안에서 살고 그리스도를 통해 바칩니다.

이 개념은 조금 더 확장될 수 있습니다. 베드로는 베드로전서 2장 4-5, 9절의 편지에서 이것을 언급합니다. 다시 한 번 구약의 예배 언어와 예배의 정의를 사용한다는 것을 주목하십시오. 그러나 이제는 그리스도 안에 있는 교회에 적용됩니다.

"사람에게는 버린 바가 되었으나 하나님께는 택하심을 입은 보배로운 산 돌이신 예수께 나아가 너희도 산 돌 같이 신령한 집으로 세워지고 예수 그리스도로 말미암아 하나님이 기쁘게 받으실 신령한 제사를 드릴 거룩한 제사장이 될지니라"(벧전 2:4-5)

"그러나 너희는 택하신 족속이요 왕 같은 제사장들이요 거룩한 나라요 그의 소유가 된 백성이니 이는 너희를 어두운 데서 불러 내어 그의 기이한 빛에 들어가게 하신 이의 아름다운 덕을 선포하게 하려 하심이라"(벧전 2:9)

이것은 정말 놀라운 구절입니다. 베드로는 이렇게 말하고 있습니다. "보라, 그리스도인 여러분, 여러분도 일종의 새로운 성전입니다. 그리고 그리스도인 여러분, 여러분도 일종의 새로운 제사장입니다. 그리고 보십시오, 여러분 그리스도인들은 동물 대신 거룩한 삶을 통해 드리는 찬양의 새로운 형태의 희생을 바치고 있습니다." 이것은 그리스도인들에게 가능한 일이며, 그들의 삶 전체에 적용됩니다. 왜냐하면 예수님이 먼저 그렇게 사셨기 때문입니다. 우리는 예수님이 아니라 우리 자신에게도 적용되는 오래된 예배 용어에 대해 동일한 변화를 겪고 있습니다.

다시 한번 간단히 요약하자면, 신약 성경에 따르면, 예수님의 구속 활동과 아버지 하나님의 뜻에 대한 예수님의 자기희생적이고 사랑에 찬 순종이 새로운 예배 예식이며 궁극적인 경배 행위로서 세상에 구원을 가져다주는 동시에 하나님께 영광을 돌린다고 말할 수 있습니다. 둘째, 새로운 예전은 우리가 그리스도의 죽음과 부활의 일부가 되어, 죽음에서 생명으로 가는 이 말씀을 우리 삶의 전부를 통해 실천하는 것입니다. 핵심 요소는 예수 그리스도와 믿음을 통해 그분께 속한 사람들 사이의 본질적인 일치라는 점에 유의해야 합니다. 이 일치의 본질은 단순히 형식적이거나 의식적인 것이 아니라, 그분에게 기름 부으신 동일한 성령으로 우리도 충만하기 때문에 삶의 모든 차원에서 표현되는 것입니다.

저는 감리교 창시자인 존 웨슬리(John Wesley, 1703-1791)의 이 말을 좋아합니다. 그는 교회와 예수 그리스도, 그리고 우리의 적극적인 제자도의 삶, 희생, 매일 십자가를 지는 것, 그리고 예수님의 희생 사이의 긴밀한 일치를 표현하고 있습니다. 웨슬리는 이렇게 썼습니다.

"예수 그리스도는 교회 없이는 아무것도 하지 않으시며, 때로는 둘이 한 사람으로 묘사될 정도입니다. 교회는 약한 구성원들이 할 수 있는 한, 그 주님의 모든 행동과 고통을 따릅니다. 그리스도는 사람들을 배제하고 자신을 희생할 생각은 전혀 없었습니다."

그래서 저는 이것을 예수님의 구속 활동과 죽음에서 생명으로의 통과라고 요약할 수 있습니다. 이것이 바로 하나님의 영광입니다. 그리스도를 믿는 신앙으로, 성령을 통해, 우리는 삶의 전 영역에서 그리스도와 함께 참여하도록 부름받고, 그렇게 할 수 있도록 힘을 얻습니다. 이것이 바로 그리스도인의 예배입니다. 예수님의 삶과 사역의 충만함, 하나님 아버지의 영광을 위한, 그리스도 안에서 묻히고 숨겨진 우리 삶의 충만함입니다. 우리의 전 생애는 그리스도께서 하늘에서 이루셨고 지금도 이루고 계신 이 예전의 일부가 되어야 합니다.

우리가 실제로 예배에 모일 때 그것이 무엇인지 이해하는 것이 중요합니다. 예수 그리스도의 이름으로 예배를 드리기 위해 모이는 시간은 더 큰 현실을 표현할 수 있는 기회입니다. 제가 말씀드린 대로, 교회의 예배 또는 예전의 첫 번째 단계는 일상생활에서 우리의 십자가를 지고, 예수님을 따르고, 성령으로 충만해져서 새로운 삶을 살아가도록 하는 것입니다. 교회의 예배 또는 예전의 두 번째 단계는 공동의 실천을 통해 그 근본적인 현실을 모여 표현하는 것입니다. 미국에는 이런 속담이 있습니다. "동전의 양면(flipside of the same coin)" 이 속담은 동전의 앞면과 뒷면을 볼 수 있지만, 그 가치가 같다는 의미입니다. 겉모습은 다르지만, 그 내용은 똑같다는 뜻입니다. 그것이 바로 우리가 여기서 이야기하는 것입니다. 우리가 매일 충실하게 삶을 살아갈 때, 예수님의 죽음에서 생명으로의 이동이라는 예전에 참여하는 것입니다. 그리고 주일마다 공동체로 모여서 예배를 드리고, 특정한 관습을 따르고, 특정한 말을 하는 것은 우리의 예배 방식과 예배 의식에 있어서 다른 형태를 띠고 있습니다. 이것들은 서로 다른 것이 아닙니다. 그것들은 같은 것의 다른 관점 또는 다른 측면입니다.

따라서, 기독교 예배의 모든 고전적이고 역사적인 면에서 그리스도의 죽음과 부활을 예배의 핵심적인 내용으로 이야기하는 것을 볼 수 있습니다. 역사적인 기독교 예배의 모든 형태는 예수 그리스도의 죽음과 부활에 매료되고, 그 죽음과 부활에 대해 끝없이 이야기합니다. 그것이 바로 핵심입니다. 바울은 고전 15장에서 그것을 암시하고 있는데, 그는 모든 고전적이고 역사적인 예배의 형태가 강조하는 것과 같은 부분에 중점을 둡니다. 바울은 이렇게 썼습니다. "내가 받은 것을 먼저 너희에게 전하였노니 이는 성경대로 그리스도께서 우리 죄를 위하여 죽으시고 장사 지낸 바 되셨다가 성경대로 사흘 만에 다시 살아나사"(고전 15:3-4)

그리스도의 죽음과 부활이 예수님이 행하신 많은 일 중 두 가지 사건에 불과한 것은 아닙니다. 그의 죽음과 부활은 그가 하나님의 영광과 인류의 구원을 위해 행하고 경험한 모든 일의 중심에 있습니다. 따라서 모든 고전적인 기독교 예배 형식은 그리스도인들이 세상의 방식으로 죽음에서 죄로 넘어갔다가 성령을 통해 새로운 생명을 얻는 경험을 한다고 가정합니다. 이것이 예배하는 교회에 대한 중심적인 개념입니다. 모든 고전적이고 역사적인 예배의 형태는 그리스도인들이 거듭났고, 새롭게 태어났으며, 죄와 세상의 방식에서 죽었고, 그들의 삶이 지금 하나님 안에서 그리스도 안에 감추어졌으며, 성령이 함께하심으로, 그들은 세례를 통해 하나님 안에서 그리스도의 부활의 능력을 경험했다고 가정합니다.

　로마서 8장의 성경 구절을 보시기 바랍니다. 바울은 우리가 그리스도의 죽음과 고난에 참여해야 한다고 말합니다. 저는 로마서 6장의 이 구절에 훌륭한 구절을 덧붙일 수 있습니다. 로마서 6장에는 침례를 통해 그리스도와 함께 묻힌다는 내용이 있습니다. 그러나 로마서 8장 17절을 잠깐 살펴보겠습니다. "자녀이면 또한 상속자 곧 하나님의 상속자요 그리스도와 함께 한 상속자니 우리가 그와 함께 영광을 받기 위하여 고난도 함께 받아야 할 것이니라"

　이 구절의 첫 번째 부분, 즉 실제로 그리스도와 함께 죽어 죄에 대한 태도와 실천의 삶 모두에서 죄에서 벗어나지 못하는 것이 고린도 교회의 잘못이었습니다. 고린도전서 11장, 12장, 14장에서도 이 점을 확인할 수 있습니다. 이 고린도인들은 여전히 자기중심적이고 자기 이익만을 추구하는 그리스도인들이었습니다. 그들은 교회의 다른 구성원들을 인정하지 않았습니다. 그들의 활동은 그들을 교만하게 만들었고, 그들 자신에게 이익이 되었을지 모르지만, 전체를 세우는 데는 도움이 되지 않았습니다. 그들은 다른 사람들의 이익을 위해 자신의 이익을 기꺼이 포기하지 않았습니다. 그들은 죄를 위해 진정으로 죽지 않았습니다. 그들은 예수님의 예전에 진정으로 참여하지 않고 있습니다. 예수님은 하나님의 형상을 띠셨지만, 하나님과 동등한 지위를 얻으려고 하지 않고, 자신을 비워 종의 형상을 취하셨습니다. 종의 형상을 취하고 그것을 실천하는 것은 세상과의 관계뿐만 아니라 다른 그리스도인들과의 관계에서도 마찬가지입니다. 이것이 모여 드리는 예배의 기초가 되는 근본적인 그리스도인 제자도 예전의 기초입니다.

그러므로 그리스도를 통한 참 예배는 사람과 사람의 상호작용입니다. 예배는 사물이나 물건에 관한 것이 아닙니다. 심지어 장시간 찬양을 부르거나 성경을 다루는 것도 아닙니다. 예배는 무엇보다도 사람과 사람의 상호작용에 관한 것입니다. 예수님의 사역과 활동을 강조하는 것은 예수님이 예전의 중심이 되고 예배의 중심이 된다는 것을 주목하는 것입니다. 즉, 예수 그리스도와 삼위일체의 제 1위이신 아버지 하나님과의 관계, 즉 핵심적인 관계를 강조하는 것입니다. 그러므로 예수 그리스도와 관계를 맺고 연합하는 그리스도인들과 그리스도의 몸인 교회를 구성하는 다른 그리스도인들과의 관계와 연합은 기독교 예배가 실제로 무엇인지 이해하는 데 필수적입니다.

신약 예배의 개인적 특성은 그 실천과 형식들을 이해하는 데에 중요한 틀을 제공합니다. 우리는 실천을 다룰 것입니다. 우리는 규칙적인 실천을 적용할 것입니다. 예배에 사물을 사용하겠지만, 그것들은 사람과 사람의 적절한 관계 속에서 사용되고 그 중요한 틀을 찾게 될 것입니다. 참된 기독교 예배는 새로운 예식이나 새로운 사물들을 사용하는 새로운 일련의 행위가 아닙니다. 물론 반복되는 행위와 물건의 사용, 심지어 세례를 위한 물이나 성찬식을 위한 음식과 같은 것들도 포함될 것입니다. 그러므로 기독교 예배는 하나님과 관계를 맺기 위해 예식과 물건을 올바르게 다루는 것으로 제한되는 종교가 아닙니다. 기독교 예배는 무엇보다도 사람과 사람 사이에 존재하는 실재에 관한 것입니다.

그 구체적인 실재는 무엇보다도 하나님의 영광과 세상의 유익을 위해 성령의 능력으로 예수 그리스도가 죽음에서 생명으로 옮겨 가신 것입니다.

둘째, 구체적인 실제는, 우리가 성령의 능력으로 죽은 자로부터 살아난 믿음을 통해 그리스도와의 연합을 이루는 것입니다. 다시 말하지만, 이 모든 것은 하나님의 영광과 다른 사람들의 유익을 위한 것입니다. 때때로 예배에 관한 자료를 읽을 때, 그 자료가 생활 방식에 따른 예배를 올바르게 옹호한다고 말하는 것을 듣습니다. 저는 그것에 "아멘"이라고 말하고 그것을 인정하고 싶지만, 그것을 조금 더 확장하고 싶습니다. 삶의 예배는 그리스도 안에서 발견되고 그분과 밀접하게 연합되어 성령으로 충만해져서 그분 안에서 죽음에서 새 생명으로 옮겨 가는 것을 의미합니다.

'죽음에서 생명으로'라는 이 성경 구절은 기독교 예배 역사에서 세례(침례)와 주의 만찬이 왜 그렇게 중요한지를 설명해 줍니다. 이 두 가지 행위에서 우리는 이 말씀을 체험하고 상징하기 때문입니다. 세례와 성찬식을 통해 우리는 성령이 함께하심으로 예수 그리스도와 살아 있는 관계를 맺을 수 있습니다. 세례와 성찬식을 통한 죽음에서 생명으로의 전환이 예배라고 부르는 것을 포함하여 모든 것의 핵심이라는 것을 세상에 선포할 수 있습니다.

기독교 예배의 신학이 사실이라면, 우리가 얻을 수 있는 교훈은 무엇일까요? 그 신학이 우리의 예배에 어떤 차이를 만들어 줄까요? 저는 이 교훈을 몇 가지 질문으로 정리하고 싶습니다. 우선, 여러분이 매주 예배의 내용을 살펴볼 때 이 질문을 해 보셨으면 합니다. 예배에서 우리가 이야기하는 것들 중에서 죽음과 부활이 얼마나 중심적인가요? 죽음과 부활이 모든 것을 이해하는 열쇠라고 생각하시나요? 놀랍게도, 때때로 제가 예배에 참석할 때, 예수님이 죽으시고 다시 살아나신 사실에 대해 언급하지 않거나, 언급한다고 해도 예배가 끝날 무렵에 아주 느리게 하거나 아주 빨리 하는 경우를 보았습니다. 반대로, 1세기 때 사도들 중 한 사람이 예배를 인도했다면 어땠을지 상상해 보십시오. 예를 들어, 사도 베드로가 인도하는 예배에 참석했다면, 예수님이 십자가에 못 박히시고 하나님의 능력으로 죽은 자 가운데서 다시 살아나신 것을 기억하는 데 얼마나 걸렸을까요? 그들이 기록한 내용을 고려한다면, 그렇게 오래 걸리지 않았을 것이라고 생각합니다.

두 번째, 우리가 그리스도의 죽음과 부활에 대해 이야기할 때, 그것들이 과거의 먼 사건으로 느껴지나요, 아니면 성령의 도움으로 지금 우리가 참여할 수 있는 것으로 느껴지나요? 여기에는 역동적인 시간 감각이 필요합니다. 우리는 2천 년이라는 먼 과거에 일어난 그리스도의 죽음을 생각할 수 있을 뿐 아니라, 세례를 통해 그리스도와 함께 장사될 수 있다면 그리스도의 죽음은 바로 우리 앞에 있는 일입니다. 마치 2천 년이라는 시간과 여러 나라의 공간으로 인해 우리가 그 죽음으로부터 분리되어 있는 것처럼 느껴지지 않습니다. 그리스도의 죽음은 바로 우리 앞에 있습니다. 다시 말하면, 저는 이것을 멋지게 표현하는 방법을 가지고 있습니다. 예를 들어, 감리교의 다른 창시자였던 찰스 웨슬리가 예수님의 죽음을 묵상하는 특별한 성찬 찬송가가 있습니다. 그는 찬송가에서 피가 아직 따뜻하고 상처가 아직 아물지 않았다고 말했습니다. 그리스도의 죽음이 우리에게 얼마나 현재에 존재하는지에 대해 생생하게 이야기하는 방법이 있습니다. 그리고 찬송가는 계속해서 "그리고 피로 덮여 있는 우리는"이라고 말합니다. 찰스 웨슬리의 표현을 빌리자면, 우리는 그리스도의 죽음과 부활에 참여하고 그 안에 끌려 들어가는 것입니다. 비록 그가 경험한 것과는 완전히 같은 방식은 아니지만 말입니다. 우리는 실제로 십자가에 못 박히지는 않습니다. 그러나 그분을 믿음으로, 우리가 죄의 길에 대해 죽기를 기꺼이 선택하는 것은 예수 그리스도의 십자가 죽음에 동참하는 죽음입니다.

세 번째 질문은 이것입니다. 우리의 예배자들은 실제로 성령의 인도하심을 따라 죄를 죽이고 새로운 생명의 길로 나아가도록 준비되어 있습니까? 이것은 형성 및 준비에 관한 질문입니다. 예배자들이 실제 주일 아침에 올 때, 우리는 그들을 어떻게 준비시켰습니까? 그들이 평생 자기중심적이고 죄 많은 방식으로 살아왔다면, 그들은 올바르게 형성되지 않은 것입니다. 그들은 기독교 예배가 지향하는 바를 온전히 이해하고 온전히 참여할 수 있도록 적절하게 준비되지 않았습니다.

넷째, 이것은 관계에 관한 것입니다. 우리는 부활하신 그리스도를 특징짓는 사랑의 중심성을 반영하는 방식으로 예배하는 사람들과 서로 관계를 맺고 있습니까? 저는 새로운 삶의 핵심은 부활하신 그리스도의 본성과 성품의 중심인 사랑에 참여하는 것이라고 생각합니다. 고린도전서 13장을 읽어보시면, 그곳에서 사랑이 어떻게 묘사되어 있는지 보게 될 것입니다. 저는 이것이 예수 그리스도의 인격적 특징을 묘사한 것이라고 생각합니다. 이것이 바로 기독교 예배에 진정으로 참여하는 근본적인 의미입니다.

제 7 장

예수님을 온전한 인간이자
신으로 보는 예배 신학

# 제 7 장

## 예수님을 온전한 인간이자 신으로 보는 예배 신학

다음은 고전적인 신학적 내용으로 제가 갖고 있는 종교 교리 자료에서 발췌했습니다.

"아버지의 말씀이신 아들, 바로 영원하신 하나님, 아버지와 동일한 본성을 지닌 그분은 복되신 동정 마리아의 태에서 인성을 취하셨습니다. 그 결과, 완전하고 온전한 두 본성, 즉 신성과 인간성이 한 인격 안에 결합되어 결코 분리되지 않게 되었습니다. 참으로 하나님이시고 참으로 인간이신 그리스도께서 참으로 고난을 당하시고 십자가에 못 박히시고 죽으시고 묻히사 하나님과 우리를 화목하게 하시고 우리의 원죄에 대한 희생 제물이 되셨을 뿐 아니라 실제의 죄에 대한 희생 제물이 되셨습니다."

   계속 진행하기 전에 여기서 몇 가지 사항을 강조하고자 합니다. 우선 강조하고 싶은 것은, 예수님의 성육신과 마리아의 잉태와 탄생에서, 완전하고 온전한 두 본성, 즉 신성과 인성이 한 사람인 예수 안에서 결합되었고, 결코 분리되지 않는다는 사실입니다. 간단히 말하면, 예수님은 완전한 인간이면서 동시에 완전한 신이셨고, 우리 가운데 오셔서 사역을 하시고 십자가에서 돌아가셨을 때도 완전한 인간이면서 동시에 완전한 신이셨던 분으로, 그 순간에 완전한 하나님으로서도 완전한 인간으로서도 행동하셨습니다.

   첫 번째 요점을 생각해 보겠습니다. 그 고전적인 확신의 문제, 즉 예수의 승천으로 인해 발생하는 잠재적인 문제에 대해 이야기하려고 합니다. 인간이라는 것은 육체를 가지고 있다는 것을 기억하십시오. 예수님이 이 땅에 계실 때, 사람들은 인간성, 즉 육체를 통해 예수님과 상호 작용했습니다. 예수님은 사람들과 대화하셨습니다. 그것은 육체입니다. 예수님은 사람들을 만지셨고, 사람들을 먹이셨습니다. 예수님은 사람들의 발을 씻어 주셨고, 사람들을 고치기 위해 침을 뱉으셨습니다. 그리고 예수님은 우리를 구원하기 위해 몸으로 고문을 당하시고 피를 흘리시며 돌아가셨습니다. 제가 여기서 언급했듯이, 예수님의 몸은 예수님이 사람들과 상호 작용하고 그들을 구원하는 방식에 중요한 역할을 했습니다. 마찬가지로 우리 몸은 예수님과 상호 작용하고 구원을 받는 방식에 중요한 역할을 합니다. 좀 더 간단하게 표현하자면, 예수님의 사역을 통해 우리가 누리는 유익은 모두 예수님의 육체와 예수님과 사역을 한 사람들과의 상호작용, 접촉을 통해 이루어집니다.

　예수님이 이 땅에 계셨을 때, 그분의 육체는 하나님을 경배하고 찬양하는 방식의 일부였습니다. 이것이 바로 핵심적인 신학적 본질에서 파생된 두 번째 요점입니다. 예수님은 내적으로만 경배하지 않으셨습니다. 그분의 몸과 그 몸에 일어난 일들을 포함하여 그분의 생애 전체가 하나님을 영화롭게 하고 그분을 찬양했습니다. 그리고 예배의 특별한 순간에도 그분의 몸은 자세, 말, 기도 등 모든 면에서 적극적으로 참여했습니다.

　그러나 잠재적 문제의 근원은 다음과 같습니다. 승천 이후, 예수님의 육신은 더 이상 지구에 있지 않습니다. 그것이 바로 승천입니다. 부활 후 40일 만에 예수님의 육신이 하늘로 승천한 것입니다. 그렇다면 다음과 같은 질문을 생각해 볼 수 있습니다. 예수님의 육신을 통해 우리가 예수님과 상호 작용하고 그분의 임재를 경험하는 데 중요한 역할을 했다면, 이것이 문제를 일으킬 수 있을까요? 예수님의 승천 역시 예수님의 구원 사역과 구속 사역을 경험하는데, 그분의 육신이 중요한 역할을 했다면 문제가 될까요? 예수님의 승천이 예수님이 하나님을 경배하고 영광을 돌리는 데 그분의 육신이 중요한 역할을 했다면 문제가 될까요? 이것도 잠재적으로 문제가 될 수 있는 또 다른 부분입니다. 그분의 육신이 더 이상 이 땅에 없는데, 어떻게 그분의 육신을 통해 그리스도와 상호 작용할 수 있을까요? 어떻게 그분이 움직이면서 우리가 어떻게 예배해야 하는지 보여 줄 수 있을까요?

한 기독교인이 잠재적인 문제를 이렇게 묘사했습니다. 약 200년 전 미국, 뉴욕주에 살았던 감리교도였습니다. 그는 자서전에서 이렇게 썼습니다. "저는 그리스도의 성육신 시대에 살지 못했기 때문에 자주 울었습니다. 그가 아이들을 품에 안고 축복해 주셨을 때, 저도 그 발 앞에 엎드려 축복을 구할 수 있었을 텐데 말입니다." 두 번째 구절에서, 감리교도인 키이스(Keith)는 이렇게 썼습니다.

"저는 하나님의 아들이 인간의 육신을 입고 이 땅에 계실 때, 진실한 마음으로 그분께 나아오는 사람들을 구원할 수 있는 능력이 있다고 생각했습니다. 그러나 죄인인 제가 어떻게 하면 하나님으로부터 은혜를 받을 수 있을지 알 수 없었습니다."

이것은 200년 전의 감리교도 윌리엄 키이스(William Keith)가 승천의 잠재적 문제에 대해 고민하고 있는 모습입니다. 예수님이 이 땅에 계실 때, 축복을 받고 싶다면 그분에게 가까이 다가가야 했습니다. 그분이 당신을 고쳐 주기를 원한다면, 그분이 지나갈 때까지 기다렸다가 "다윗의 자손이여, 불쌍히 여기소서"라고 외쳐야 했습니다. 의사가 고칠 수 없는 병에 걸렸다면, 그분 뒤로 몰래 다가가 그분의 옷자락을 붙잡아야 했습니다. 용서를 받아야 한다면, 친구들이 여러분을 매트 위에 눕힌 다음 지붕을 통해 예수님의 발치에 눕혀서 예수님이 여러분에게 말씀하실 수 있도록 해야 했습니다. 여러분이 볼 수 있도록 눈을 씻어야 한다면, 예수님이 땅에 침을 뱉어 진흙을 만들고 여러분의 눈에

발라야 했습니다. 여러분이 죽은 자 가운데서 살아나 어머니 품으로 돌아가고 싶다면, 예수님이 와서 여러분을 만져 주시고 죽은 자 가운데서 살아나게 해야 했습니다.

그런데 지금 어떻게 그런 일이 일어날 수 있을까요? 승천 이후로 잠재적인 문제가 발생했습니다. 키이스는 자서전에서 이 문제에 대해 진지하게 고민했습니다. 지금 어떻게 예수 그리스도로부터 구원과 축복을 받을 수 있을까요? 승천 이후로 어떻게 그리스도를 아버지 하나님의 궁극적인 예배자로 볼 수 있을까요?

이것을 잠재적인 문제로 만드는 고전적인 신학적 확언의 본질을 기억하시기 바랍니다. 구체적으로, 그리스도의 신성과 인성은 결코 분리될 수 없다는 것을 기억하십시오. 마치 부활 후에 다시 신성으로 돌아간 것처럼 생각해서는 안 됩니다. 부활은 그리스도의 완전한 인성과 완전한 신성을 영원히 하나로 통합시켰습니다. 따라서 이 현실은 영원히 지속될 것입니다.

따라서 우리 몸과 그분의 몸은 그리스도를 경험하는 데 여전히 중요한 것으로 보입니다. 그러나 승천 이후 그의 육신은 더 이상 지구에 있지 않습니다. 승천으로 그의 육신이 이 땅에서 떠난 것은 잠재적인 문제를 만드는 것처럼 보입니다.

두 번째. 이 문제는 잠재적인 문제일 뿐, 실제적인 문제는 아닙니다. 해결책이 있습니다. 만일 아직도 지상에 그리스도의 몸이 존재한다면 어떨까요? 그리고 만일 교회가 그리스도의 몸이라면 어떨까요? 여러분은 제가 예배 신학에서 힌트를 줄 내용에 대해 예상할 수 있습니다: 그것은 우리가 교회로서, 그리스도의 몸으로서 우리 자신을 진지하게 받아들여야 한다는 것입니다.

종종 우리는 예배드릴 때, 개인적으로 하는 일이라고 생각합니다. 그리고 교회는 아마도 우리를 한곳으로 불러 모은 장소나 관리 기관일 뿐이라고 생각합니다. 그러나 교회가 잠재적인 문제를 해결하는 데 중요한 역할을 한다면 어떨까요?

교회가 그리스도의 몸이라는 것을 기억하십시오. 사도 바울이 교회를 언급할 때 가장 즐겨 사용하는 표현 중 하나이기 때문에, 이 점을 강조하는 여러 성경 구절이 있습니다. 로마서 12장 5절입니다. "이와 같이 우리 많은 사람이 그리스도 안에서 한 몸이 되어 서로 지체가 되었느니라" 또는 고린도전서 12장 27절의 "너희는 그리스도의 몸이요 지체의 각 부분이라"와 골로새서 1장 24절에 나오는 이런 설득력 있는 문장도 있습니다. "나는 이제 너희를 위하여 받는 괴로움을 기뻐하고 그리스도의 남은 고난을 그의 몸된 교회를 위하여 내 육체에 채우노라" 그러므로 그리스도의 몸으로서의 교회의 정체성을 우리 마음속에 확고히 새겨 두시기 바랍니다. 그리고 그 잠재력을 인식하도록 해야 합니다. 교회는 그리스도의 몸이고, 그것은 추상적인 것이 아니라 현실입니다. 그러나 현실에서 우리는 서로의 일원입니다. 따라서 우리가 주일, 즉 그리스도의 몸의 부활의 날에 모여 예배하는 교회가 될 때, 실제 무슨 일이 일어나고 있는지 알아보는 것이 중요합니다.

특히 그리스도와의 연합과 그리스도의 몸인 교회가 예수님의 사역을 모든 차원에서 계속할 수 있는 지상의 장소가 될 수 있는 방법을 계속 강조하는 것이 중요한 것입니다. 그리고 우리는 이미 그리스도의 사역을 하나님 아버지께 영광을 돌리고 사람들에게 유익이 되는 그의 '예전'이라고 설명했습니다.

사도행전 9장에서 바울이 신학에 대해 배웠을지도 모릅니다. 사도 바울은 땅에 엎드러져 "사울아, 사울아, 왜 나를 박해하느냐?"라는 음성을 들었습니다. 그리고 그는 "주님, 누구십니까?"라고 물었습니다. 그러자 "나는 네가 핍박하던 예수다."라는 대답이 돌아왔습니다. 그러나 사울이나 바울이 사도행전 9장에서 예수님을 핍박한 것이 아니라, 교회를 핍박하여 교인들을 잡아다가 감옥에 가두고 학대했다는 것을 주목할 필요가 있습니다. 그러나 예수님의 관점에서 보면, 예수님과 그의 추종자들 사이에는 매우 명확한 일체감이 존재하였기 때문에, 예수님은 바울의 교회 핍박을 바울이 예수님을 핍박하는 것으로 해석하셨습니다.

사도행전 전체의 시작되는 방식이 흥미롭다는 것을 주목할 필요가 있습니다. 다시 말하면, 이것은 그리스도와 교회의 기본적인 일체감을 전제로 하고 있습니다. 사도행전 1장 1-2절은 다음과 같이 시작합니다. "데오빌로여 내가 먼저 쓴 글에는 무릇 예수께서 행하시며 가르치시기를 시작하심부터 그가 택하신 사도들에게 성령으로 명하시고 승천하신 날까지의 일을 기록하였노라" 따라서 누가복음에 나오는 두 번째 책의 의미는 예수님이 계속해서 행하시는 일에 관한 것이라는 것입니다.

사도행전은 예수님이 사도들을 통해 지상에서 행하신 사역에 관한 것입니다. 이 책을 단순히 사도행전이라고 생각하지 말고, 사도들을 통해, 그리고 교회를 통해 행하신 부활하신 예수 그리스도의 행적이라고 생각하시기 바랍니다. 지금도 예수님은 교회의 삶 속에서 계속해서 행하시고 가르치십니다.

세 번째 요점을 말씀드리겠습니다. 그리스도께서는 여전히 육체적인 사역을 계속하고 계십니다. 비(非)육체적인 사역만이 아니라 육체적인 사역, 즉 육체적 실제를 포함하는 사역을 계속하고 계십니다. 이 그리스도의 몸된 교회 사역은 하나님과 우리 모두를 위한 것입니다. 예수 그리스도의 사역은 계속되고 있으며, 여전히 예배적(하나님)이고 구속적(우리)입니다. 그것은 하나님의 영광을 위해 제공되며 사람들에게 유익합니다. 그리스도의 사역은 교회 안에서 우리에게 속한 것으로, 우리 자신과 다른 사람을 위해 구원하는 역할을 합니다.

설교의 관점에서 생각해 보겠습니다. 그리스도께서 설교자의 말로 말씀하지 않으시면, 인간의 설교가 어떻게 사람을 구원할 수 있을까요? 인간의 설교만으로는 불가능합니다. 그러나 우리를 통해, 그리고 우리 안에서 그리스도께서 말씀하신다면 가능한 것입니다. 둘째, 교회로서 하나님 앞에 예배를 드리는 것이므로, 찬양과 영광을 돌리는 행위, 그리고 기도의 행위가 포함됩니다. 제가 이전 장에서 인용한 어거스틴의 말을 기억하시나요? 우리는 그리스도께 기도하고, 그리스도께서는 하늘에서 우리의 제사장으로 기도하시고, 그리스도께서는 우리 안에서 우리의 머리로서 기도하신다고 했습니다. 우리는 이것을 확장하여 그리스도께서 우리 안에서 찬양하신다고 말할 수 있습니다. 그리스도께서는 우리 안에서 하나님을 영화롭게 하십니다. 그리스도께서는 우리 안에서 복음을 전파하십니다. 예수 그리스도의 육체적 사역은 계속됩니다. 왜냐하면 교회는 그리스도와 하나가 되고 그리스도를 기름 부으신 동일한 영으로 충만해진 그리스도의 몸이기 때문입니다.

그것은 윌리엄 키스가 나중에 자서전에서 밝힌 대답입니다. 그가 어떻게 예수님의 축복을 받을 수 있었는지에 대한 대답은 '예배하는 충실한 교회'입니다. 그가 한 말을 기억해 보시기 바랍니다. "저는 그리스도의 성육신 시대에 살지 않았기 때문에 자주 울었습니다. 그가 아이들을 품에 안고 축복해 주셨을 때, 저도 그분의 발 앞에 엎드려 축복을 구할 수 있었을 텐데 말입니다." 또는 키스가 이렇게 썼습니다. "저는 하나님의 아들이 인간의 육신을 입고 이 땅에 계실 때 진심으로 그분께 나아온 사람들을 구원할 수 있는 능력이 있다고 생각했습니다. 그러나 죄인인 제가 어떻게 하나님의 은총을 받을 수 있을지 알 수 없는 신비였습니다."

어떻게 하면 아이들이 손을 얹고 하나님의 축복을 받을 수 있을까요? 예수님의 손길이 여전히 닿을 수 있는 이유는 무엇일까요? 그것은 예수님이 교회 안에서 그리고 교회를 통해 일하시기 때문입니다. 키스도 이 사실을 알고 있었습니다. 그래서 그의 자서전의 나머지 부분에는 그가 충실하고 사랑이 넘치고 예배하는 교회를 통해 어떻게 그리스도를 만났는지에 대한 내용이 담겨 있습니다.

이것이 지닌 잠재력에 대해 생각해 보십시오. 우리가 주일 아침에 하는 일, 즉 그리스도와 하나가 되고 그분의 영으로 충만하며 하나님을 영화롭게 하고 다른 사람들에게 유익과 봉사를 추구하는 일은 단순한 차원이 아닙니다. 그것은 예수 그리스도의 지속적인 사역입니다. 그렇다면 교회 성소에서 일어나는 일에 대해 지금까지 생각했던 것들이 모두 뒤바뀔 것입니다.

그래서 저는 여러분에게 제가 오래전에 한 교수로부터 받은 예배에 대한 새로운 정의를 여러분에게 소개하고자 합니다.

"교회의 예배는 하나님 아버지의 영광과 인류의 유익을 위해 예수 그리스도의 찬양과 춤이 계속되는 것입니다. 예수 그리스도는 승천하신 이후로 은퇴하지 않으셨습니다. 그분은 육신을 잃지 않으셨습니다. 그분은 여전히 활동 중이십니다. 그분은 여전히 사람들에게 사역을 하고 계십니다. 그분은 여전히 하나님을 영화롭게 하고 계십니다. 그분은 하늘에서 직접 그렇게 하시고, 땅에서는 그분의 몸인 교회를 통해 그렇게 하십니다. 이 계속되는 노래와 춤은 그리스도의 몸인 교회의 육체성을 통해 이루어집니다."

고린도전서 12장을 이 관점에서 살펴보겠습니다. 구체적으로 4-7절과 12, 13절을 살펴보려고 합니다. 여기서 바울 사도는 이렇게 기록하고 있습니다.

"은사는 여러 가지나 성령은 같고 직분은 여러 가지나 주는 같으며 또 사역은 여러 가지나 모든 것을 모든 사람 가운데서 이루시는 하나님은 같으니 각 사람에게 성령을 나타내심은 유익하게 하려 하심이라 … 몸은 하나인데 많은 지체가 있고 몸의 지체가 많으나 한 몸임과 같이 그리스도도 그러하니라 우리가 유대인이나 헬라인이나 종이나 자유인이나 다 한 성령으로 세례를 받아 한 몸이 되었고 또 다 한 성령을 마시게 하셨느니라"

이것은 바울이 그리스도의 사역을 계속하기 위해 교회를 그리스도의 몸으로 강조한 것입니다. 다양한 은사, 다양한 봉사, 다양한 활동은 궁극적으로 그리스도에게서 비롯된 것입니다. 그것들은 성령으로부터 옵니다. 그리고 주 예수 그리스도에게서 옵니다. 그리고 그것들은 그분의 아버지이신 하나님에게서 옵니다. 바울은 그리스도의 사역을 계속하기 위해 교회를 그리스도의 몸으로 강조할 수 있었습니다.

그리스도께서 교회 안에서 그리고 교회를 통해 지상에서 계속하고 계시는 일은 진정한 예전입니다. 그것은 사람들을 위한 자비로운 일입니다. 그리고 그것은 우리 사람들이 참여하는, 하나님에게 영광과 존귀를 돌리는 예전입니다. 우리가 그분 안에 있기 때문에, 그것은 우리의 일입니다.

그래서 예배에 대한 두 번째 새로운 정의가 생겼습니다. 그것은 제가 최근에 만난 교수가 아니라 5세기 설교자가 제시한 것입니다. 그는 이렇게 썼습니다. "구세주에게서 두드러졌던 것은 성례로 넘어갔습니다." 5세기 상황에서 이 말은 광범위한 의미로 해석될 수 있습니다. 왜냐하면 5세기에는 성례가 무엇인지에 대한 목록이 없었기 때문입니다. 따라서 저는 이 말을 이렇게 해석합니다. "구세주 안에서 두드러진 것은 교회 예배의 삶으로 옮겨졌습니다."

이렇게 하면 성례의 정의를 확장하는 데 도움이 됩니다. 좁게 해석하면, 성례는 세례와 성찬입니다. 성례, 심지어 세례나 성찬도, 기꺼이 받아들이는 사람들에게 행해지는 단순한 행사가 아닙니다. 그러나 성례는 무엇보다도 예수님입니다. 온전한 신성과 온전한 인간성을 지닌 예수님, 그분의 인성을 통해 신성의 충만함을 나타내시는 분으로 그 것이 바로 주된 성례입니다. 아니면 이렇게 말할 수도 있습니다. 성찬이 하나님의 은혜, 자비, 능력이 육체화된 형태라면, 예수님은 분명 가장 중요한 '성찬'이라 할 수 있습니다.

최근 신학자 에드워드 쉴레벡스(Edward Schillebeeckx)는 다음과 같이 주장했습니다.

"성례는 구원을 외부적으로 인식할 수 있는 형태로 부여하는 하나님의 은총으로, 그 은총을 드러내는, 실제로 존재하는 구원의 선물입니다. 이 사람, 예수, 하나님의 아들 자신이, 아버지에 의해 인류의 구원의 유일한 길로 정해진 것입니다. 개인적으로, 예수라는 사람에게 접근하는 것은, 그 시대의 사람들에게는 생명을 주는 하나님과 개인적으로 만나는 초대장이었습니다."

이 가능성은 여전히 유효하다는 점을 덧붙이고 싶습니다. 즉, 생명을 주는 하나님과 개인적으로 만날 수 있도록 예수님이 개인적으로 여러분을 초대하실 수 있습니다. 하지만 이제는 교회를 통해, 즉 그리스도의 몸인 교회를 통해 이루어집니다. 예수님은 완전하고 가장 중요한 성례이며, 하나님의 은혜와 자비, 구원의 능력을 포함하는 하나님의 실체입니다. 그 실체는 이제 교회를 통해, 즉 그리스도의 몸인 교회를 통해 드러납니다.

그러므로 네 번째 요점은 예수님의 사역에서 두드러졌던 것들의 다양한 측면을 고려하는 것입니다. 사람들이 예수님의 지상 사역을 보면서 무엇을 보았는지 실제로 생각해 보겠습니다. 예수님 안에서 두드러졌던 것들이 교회 예배로 옮겨졌다면 무엇이 두드러졌을까요? 두드러졌던 것들을 생각해 보겠습니다.

저는 이렇게 말씀드릴 수 있습니다. 예수님은 말씀하셨고, 따라서 가르치셨고, 설교하셨습니다. 그리고 예수님은 기도하라고 말씀하셨습니다. 예수님은 만지시고 고쳐 주셨으며, 구원을 위해 육체적으로 고통을 당하셨습니다. 예수님은 사람들을 사랑하셨고 그들과 관계를 맺으셨습니다. 다시 이렇게 요약할 수 있습니다. 예수님은 말씀하셨고, 만지셨으며, 사람들을 사랑하고 그들과 관계를 맺으셨습니다. 저는 이것이 예수님의 사역에서 구세주로서 두드러진 특징이라고 생각합니다. 그리고 이 세 가지 측면, 즉 예수님의 말씀, 만지심, 사랑은 교회의 예배로 이어졌습니다.

따라서 사람들이 교회에서 그리스도를 만나는 세 가지 주요 방식은 그리스도가 지상 사역에서 자신의 존재를 통해 구원의 능력을 나타내신 세 가지 주요 방식과 관련이 있습니다. 예수님이 말씀하셨고, 그래서 교회도 말씀합니다. 성경 읽기와 설교, 그리고 기도는 예수님이 우리의 입술을 사용하실 수 있는 기회입니다. 예수님은 만지셨습니다. 그래서 교회는 물리적 대상을 만지고 사용합니다. 우리가 서로에게 보여주는 사랑과 평화, 연합의 몸짓과 세례와 성찬의 집행은 예수님의 손길을 계속 확장하는 것입니다. 사람들을 만지는 것은 우리의 죄에서 우리를 구원하기 위해 예수님이 자신의 몸으로 하나님에게 계속해서 바치는 제물입니다. 그리고 예수님은 사람들을 사랑하고 관계를 맺으셨습니다. 그분은 정말 잘 해내셨습니다. 그래서 교회는 교인끼리 사랑하고 관계를 맺습니다. 회원들이 서로를 돌보고 섬기는 사랑과 연합의 교제는 예수 그리스도의 지속적인 찬양과 춤이며, 관계와 사랑이 포함됩니다.

그러므로 예배하는 교회의 사랑스러운 교제를 예수님의 사랑스러운 관계의 연속으로 보도록 해야 합니다. 이 접근 방식은 고린도전서 13장을 중요한 예배 구절로 이해하는 데 도움이 됩니다. 바울은 이 구절에서 사랑은 오래 참고, 온유하며, 잘못을 간과하지 않는다고 말합니다. 그 구절을 읽고 예수님의 성품에 대한 훌륭한 묘사가 무엇인지 확인해 보시기 바랍니다. 바울은 그 성품이 바로 여러분이 교회로서 증거해야 할 것이라고 말합니다.

"사랑은 오래 참고 사랑은 온유하며 시기하지 아니하며 사랑은 자랑하지 아니하며 교만하지 아니하며 무례히 행하지 아니하며 자기의 유익을 구하지 아니하며 성내지 아니하며 악한 것을 생각하지 아니하며 불의를 기뻐하지 아니하며 진리와 함께 기뻐하고 모든 것을 참으며 모든 것을 믿으며 모든 것을 바라며 모든 것을 견디느니라"(고전 13:4-7)

이것이 예수님의 성품에 대한 묘사가 아니라면, 저는 그것이 무엇인지 모르겠습니다. 이것이 예수님께서 자신의 몸인 예배하는 교회에 보여주고 드러내고자 하는 것입니다.

고린도전서 13장은 사도 바울이 여러 장에 걸쳐 예배에 대해 이야기하고 있는 매우 긴 구절에 포함되어 있다는 것을 기억하시면 좋겠습니다. 고린도전서 13장은 예배하는 교회에 관한 것입니다.

또한 예배하는 교회에서 사랑이 갖는 가치는 분별하여 보고, 특히 하나님을 분별하고 보는 데에 있다고 말할 수 있습니다. 이 구절의 앞부분을 생각해 보십시오. "하나님을 본 사람이 없으되 …" 이 앞부분은 신약 성경에서 두 번 등장합니다. 요한복음 1장과 요한일서 4장 12절에 각각 한 번씩 등장합니다. 요한복음 1장 18절에는 다음과 같은 구절이 나옵니다. "본래 하나님을 본 사람이 없으되 아버지 품 속에 있는 독생하신 하나님이 나타내셨느니라" 요한일서 4장의 내용과 유사하다는 것을 눈여겨 보시기 바랍니다. 그러나 지금의 강조점은 그리스도 안에서 연합된 교회에 있습니다. "하나님을 본 사람이 없으되"라고 요한일서 4장은 말합니다. "어느 때나 하나님을 본 사람이 없으되 만일 우리가 서로 사랑하면 하나님이 우리 안에 거하시고 그의 사랑이 우리 안에 온전히 이루어지느니라"(요1 4:12) 저는 이것이 예배의 목적이자 완벽한 목표라고 말씀드리고 싶습니다. 그것은 모든 방향으로 풍성한 사랑을 보여줄 수 있어야 합니다. 그때 그곳에서 하나님은 보이고 경험됩니다.

예배의 다른 차원은 어떨까요? 그러므로 우리 가운데 그리스도의 임재를 분별하는 주요 방식은 교회가 말할 때, 교회가 만질 때, 교회가 사랑으로 교제할 때라는 것이 사실이라면, 실제로 일어나고 있는 이 현실을 볼 수 있도록 도와주는 다른 차원들이 있습니다. 제가 말씀드리고 싶은 두 가지는 우리 가운데 그리스도의 임재를 분별하는 데 도움이 됩니다. 저에게 있어서는, 이러한 분별의 도움이 음악의 역할입니다. 음악이 그리스도의 임재를 나타내는 것이 아니라, 음악이 이미 진리인 것을 볼 수 있는 능력을 우리에게 부여하고 가능하게 해준다는 것입니다. 예수님도 "두세 사람이 내 이름으로 모인 곳에는 나도 그들 중에 있느니라"(마 18:20)고 말씀하셨습니다. 음악은 임재가 참되다는 것을 분별하는 데 도움이 됩니다. 마찬가지로, 제가 안경을 벗으면, 이 컴퓨터는 여전히 제 곁에 있지만, 제가 볼 수는 없을 것입니다. 하지만 안경을 쓰면, 이미 참된 것을 볼 수 있습니다. 음악은 안경을 쓰는 것과 같습니다. 이미 참된 것, 우리 가운데 계신 그리스도의 임재를 볼 수 있게 해줍니다. 예술과 아름다운 예배 공간도 분별력을 키우는 데 도움이 됩니다. 진정으로 바르게 예배하기 위해 아름다운 예배 공간과 다른 예술 작품이 필요하지는 않습니다. 그리스도가 우리 안에, 우리와 함께 계시기 위해 예술 작품과 아름다운 예배 공간이 필요하지는 않습니다. 그러나 아름다운 예배 공간과 예술 작품은 그리스도가 우리와 함께 계심을 분별하는 데 도움이 됩니다.

가장 단순한 사람과 실재 대상들에서 그리스도를 식별할 수 있도록 준비하는 데 도움이 되는 또 다른 차원이 하나 더 있다고 말하고 싶습니다. 이것은 훌륭한 음악이 없고 훌륭한 예배 공간이 없는 경우 특히 중요합니다. 그 외의 차원은 예수님이 가장 작은 자라고 부르는 사람들에게 적극적으로 봉사하는 것입니다. 마태복음 25장의 이 비유를 생각해 보겠습니다. 37-39절에서 우리는 비유의 끝부분에 있으며, 예수님은 의인들에게 그들에게 훌륭한 일을 했다고 말씀하셨습니다. 그 다음 구절은 이렇게 말합니다.

"이에 의인들이 대답하여 이르되 주여 우리가 어느 때에 주께서 주리신 것을 보고 음식을 대접하였으며 목마르신 것을 보고 마시게 하였나이까 어느 때에 나그네 되신 것을 보고 영접하였으며 헐벗으신 것을 보고 옷 입혔나이까 어느 때에 병드신 것이나 옥에 갇히신 것을 보고 가서 뵈었나이까 하리니 임금이 대답하여 이르시되 내가 진실로 너희에게 이르노니 너희가 여기 내 형제 중에 지극히 작은 자 하나에게 한 것이 곧 내게 한 것이니라 하시고"(마 25:37-40)

사람들 가운데 있는 예수님을 보고 분별할 수 있는 능력은 물과 빵, 포도주와 같은 일반적인 것들을 포함하여 예배의 가장 작은 부분에서 예수님을 보고 분별하는 데 도움이 될 것입니다.

그러면 여기서 얻을 수 있는 교훈은 무엇일까요? 첫째, 주기도문의 중요성을 인식해야 한다는 것입니다. "우리 아버지"의 "우리"는 단순히 우리 사람 전체를 의미하는 것이 아니라 예수님의 기도도 포함합니다. 복음서를 보시면 "아버지"라는 이름이 예수님이 기도하실 때 하나님을 부르는 말로 사용된다는 것을 알 수 있습니다. 마태복음, 마가복음, 누가복음에서 제자들이 기도할 때 가장 먼저 나오는 단어는 "아버지"가 아닙니다.

둘째, 우리는 예배에 대해 극적인 기대를 가져야 합니다. 우리는 예배가 예수 그리스도의 임재를 만나는 자리이고, 정적인 방식이 아니라 예수님의 사역이 계속되는 자리라고 생각해야 합니다. 예수님이 2천 년 전에 하신 일은 지금도 우리 가운데 계속되고 있습니다.

셋째, 예배는 내면, 특히 내 감정에 관한 것이 되어서는 안 된다는 것입니다. 참된 예배는 우리 안에서의 예배뿐 아니라, 우리 몸으로, 우리 몸 안에서, 그리고 우리 몸을 통해 이루어집니다. 우리는 우리 몸이나 그리스도의 몸의 가치를 약화 시켜서는 안 됩니다. 우리는 그리스도를 경험하는 방식에 있어 신체적 요소를, 특히 신체 간 접촉의 능력을 간과해서는 안 됩니다.

넷째, "나의 예배"라는 표현을 없애야 합니다. 예배는 우리의 예배이며, 이는 곧 전체 교회를 의미합니다. 예배에 참여하는 그리스도의 몸 전체가 우리의 예배이며, 이는 곧 교회 안에서 활동하시는 그리스도를 의미합니다. 예배는 결코 "나의 예배"가 될 수 없습니다.

다섯째, 그리스도께서 우리 가운데 계시며 활동하시는 세 가지 주요 방식 사이의 균형을 맞추고 조율해야 합니다. 말씀과 성례전, 그리고 교제가 모두 함께 이루어져야 합니다. 저는 때때로 세례와 성찬이 교회의 실제적인 교제, 사람들의 실제적인 사랑과 기도, 그리고 성경의 읽기와 설교와 분리되어 행해지는 것을 볼 때 이것이 가장 위험하다고 생각합니다. 이 모든 것들이 다시 긴밀하게 조화를 이루어야 합니다.

이제 여섯째 요점으로 넘어가겠습니다. 음악과 공간이라는 두 가지 부차적인 방식을 사용해야 하지만, 그것에 의존해서는 안 됩니다. 앞서 말씀드린 것처럼, 이 두 가지 방식은 그리스도께서 우리 가운데 임재하고 활동하시는 것을 가능하게 하는 것이지, 그렇게 하도록 만드는 것은 아닙니다. 이 두 가지 방식을 통해 우리는 그리스도께서 우리 가운데 임재하고 활동하시는 것을 볼 수 있습니다.

그리고 마지막으로, 우리는 교회에서 예수 그리스도를 가장 작은 자들 가운데서 찾을 수 있도록 만들어야 합니다. 우리들이 가장 강하거나 가장 영광스러운 모습으로만 예수 그리스도를 찾게 된다면, 그들은 실제로 교회의 예배가 무엇을 의미하는 지에 대한 경이로움을 간과하게 될 것입니다. 그것은 바로 예수 그리스도의 몸인 그의 교회 안에서 계속되는 찬양과 춤입니다.

제 8 장

복음의 이야기를 통해
바라본 예배 신학

## 제8장
## 복음의 이야기를 통해 바라본 예배 신학

예배 신학은 기독교 신앙과 신학의 고전적인 선언들로부터 도출될 수 있습니다. 이 장에서는 복음을 이야기로서 바라보는 관점에서의 예배 신학을 살펴보겠습니다.

신약 성경은 복음에 관한 이야기를 들려줍니다. 거짓이거나 꾸며낸 이야기가 아니며, 예수 그리스도에 관한 복음은 허구가 아닙니다. 그러나 그것은 과거, 현재, 그리고 특히 미래에 있을 극적인 결말에 관한 하나님의 역동적인 활동에 관한 이야기입니다. 구체적으로 말하자면, 예수님은 다시 오십니다. 그동안 성령은 미래의 첫 번째 보증으로서 우리에게 주어졌습니다. 신약 성경은 복음을 이야기의 형태로 제시합니다. 허구적인 이야기가 아니라, 과거와 현재, 그리고 예수님이 다시 오실 미래에 하나님의 활동이 포함된 진정한 이야기입니다.

사도들이 신약 성경에 등장하는 가르침과 설교 방식을 생각해 보겠습니다. 사도들이 입을 열면 무엇을 하는 것일까요? 그들은 보통 하나님의 강력한 사역에 대해 말하고, 그것을 과거와 현재와 미래가 있는 것으로 묘사합니다. 사도행전 2장의 오순절 첫날에, 누가는 그들이 하나님의 위대한 행적을 선포했다고 설명합니다. 사도행전 안에 있는 베드로의 설교를 읽어보면, 그는 과거, 현재, 미래에 일하시는 하나님의 활동에 대해 이야기합니다. 사도행전 4장에서 그들이 기도할 때, 하나님의 활동을 기억하는 기도를 합니다. 산헤드린 공의회에 대한 스데반의 연설은 바울의 설교와 같은 역할을 합니다.

사도들이 말할 때, 그들은 과거, 현재, 미래에 걸쳐서 그리스도 안에서 하나님의 극적인 활동에 관한 이야기를 기억합니다. 그것이 제가 복음이 이야기라고 말하는 의미입니다. 그래서 저는 복음을 '이야기'라고 부르는 것에 대해 죄책감을 느끼지 않습니다. 왜냐하면 저는 사도들이 제가 '이야기'라는 단어로 의미하는 것을 실제로 행하는 것을 볼 수 있기 때문입니다.

그래서 제가 첫째로 말씀드리고 싶은 것은, 복음의 일부로서 시간의 중요성을 이해하는 것입니다. 복음을 이해하는 데 있어 시간의 두 가지 측면이 중요합니다. 첫째, 시간의 흐름은 이야기 전개에 필수적입니다. 지금까지 과거, 현재, 미래의 중요성을 강조해 왔습니다. 이 모든 것의 공통점은 하나님의 극적인 창조와 구속의 활동입니다. 달라지는 것은 그 활동과 시간의 관계입니다: 그 활동이 과거에 있었나요, 현재에 있나요, 아니면 미래에 올 것인가요? 이 세 가지 모두 복음 이야기의 중요한 부분입니다. 우리는 이야기에서 시간의 두 번째로 중요한 측면은 지금이 실제 몇 시인지 아는 것이라고 말할 수 있습니다. 신약성경에서 말하는 사람들은 독자들 또는 청중들에게 지금이 몇 시인지 진정으로 이해하도록 거듭 촉구합니다.

시간을 보는 것이 중요하다는 것은 우리에게 이례적으로 보일 수 있습니다. 현대 복음의 개념이나 표현에서는 일반적으로 시간을 강조하지 않습니다. 그것은 우리가 복음의 중요한 측면을 강조하는 방식이 아닙니다. 그러나 예수님 자신에게도 시간이 중요한 범주라는 것을 고려해 보시기 바랍니다. 그가 마가복음 1장 14-15절에서 사역을 시작하는 방법을 살펴보십시오. 시간이라는 단어는 예수님이 이 사역을 시작할 때 말 그대로 가장 먼저 언급한 단어입니다. 그 내용은 다음과 같습니다. "요한이 잡힌 후 예수께서 갈릴리에 오셔서 하나님의 복음을 전파하여 이르시되 때가 찼고 하나님의 나라가 가까이 왔으니 회개하고 복음을 믿으라 하시더라"

둘째, 지금 이 시간의 이해입니다. 지금 몇 시인가요? 단순히 시계를 보고, 표시되는 시간을 보는 것을 의미하는 것이 아닙니다. 그러나 하나님의 활동에 대한 이야기, 과거, 현재, 미래의 이야기 속에서 우리는 지금 어디에 있습니까? 지금 몇 시입니까?

1세기 유대인의 일반적인 시간 개념은 이렇습니다. 예수님도, 사도들도, 그리고 초대 교회 교인들도 이 개념을 공유했습니다. 모든 시간은 기본적으로 현세와 내세로 나누어져 있다는 개념입니다. 다가올 시대는 극적인 절정, 하나님께서 이루시는 모든 일의 정점이 될 것입니다. 그것은 기대되는 것이었고, 예상된 것이었습니다. 그리고 사람들은 그 미래에 기대를 걸었습니다. 그들은 다가올 시대를 보고 싶어 했습니다. 에베소서 1장 20-21절은 사도 바울이 이러한 구분을 사용한 예입니다. "하나님이 이 능력을 그리스도 안에서 역사하게 하셨다"고 사도 바울은 기록합니다. "그의 능력이 그리스도 안에서 역사하사 죽은 자들 가운데서 다시 살리시고 하늘에서 자기의 오른편에 앉히사 모든 통치와 권세와 능력과 주권과 이 세상뿐 아니라 오는 세상에 일컫는 모든 이름 위에 뛰어나게 하시고" 여기서 바울은 현 시대와 다가올 시대를 통틀어, 시간과 이야기 전체에 있어서 예수 그리스도의 주권과 우선권을 강조하고 있습니다.

하지만 예수와 두 시대 모두에 대한 그의 공통된 초월성을 주목하시기 바랍니다. 이 공통점은 이 시대와 다가올 시대 사이의 보다 역동적인 관계의 의미를 암시합니다. 이 시대가 끝나고 나서야 새로운 시대, 다가올 시대가 도래하는 것은 단순한 것이 아닙니다. 신약 성경에서 실제로 볼 수 있는 것은 더 흥미로운 역동성입니다. 저는 이것을 예수 그리스도의 삶과 죽음, 부활, 승천에서 실제로 일어난 일들을 고려할 때 '사도적 시간 감각'이라고 부르고 싶습니다. 그들은 시간 개념에 대한 수정이 있었습니다.

당신은 실제로 이 시대를 가졌습니다. 그리고 당신은 실제로 다가올 시대를 가졌습니다. 그러나 그리스도의 첫 번째 오심은 이 시대가 계속되는 동안에도 다가올 시대를 시작하는 것이었습니다. 그리고 현재의 시대를 최종적으로 끝내고 다가올 시대를 완전히 완성하고 성취하는 것은 그리스도의 재림일 것입니다. 이 시대가 끝나고 다가올 시대가 시작되는 것은 엄격한 선의 구분이 있는 것이 아니라, 시간이 겹쳐지는 것입니다. 현재의 시대가 계속되는 동안에도 다가올 시대가 이미 시작되었습니다. 다가올 시대는 그리스도의 첫 번째 오심과 함께 시작되었습니다. 특히 부활과 새로운 창조, 그리고 그것이 가져온 새로운 인류를 볼 때 더욱 그렇습니다. 여기서 '새로운'이라는 단어에 강조점을 두시기 바랍니다. 그리스도의 부활을 볼 때, 그것이 가져온 것은 다가올 시대입니다. 그러나 여러분이 주변을 둘러보기만 하면 현재의 악한 시대가 완전히 끝난 것이 아니라는 것을 깨닫게 됩니다. 지금의 시대는 다가올 시대에 속하지 않습니다. 따라서 생명의 새로운 창조가 시작되었고, 우리는 성령을 통해 다가올 시대의 어떤 것을 경험할 수 있지만, 그럼에도 불구하고 우리는 여전히 현재 시대, 이 시대, 이전 시대를 다루고 있습니다.

우리는 각 시대에 한 발씩 발을 들여놓습니다. 그러므로 교회는 그 중간에 있는 사람들입니다. 우리는 이 시대와 다가올 시대 사이에 겹치는 지점에 살고 있습니다. 우리는 이 시대에 살고 있지만, 그 시대의 일부는 아닙니다. 여기에서 제가 신약 성경에서 "세상에 속해 있지만 세상에 속하지 않은"이라는 표현을 적절하게 사용하려고 한다는 것을 알 수 있습니다. 우리가 현재에 처해 있는 것과 같은 방식입니다. 우리는 그것을 다루고, 그것과 씨름하고, 현재 어떤 시간이 있는지 알려주는 손목시계를 가지고 있습니다. 현재 무슨 일이 일어나고 있는지 알려주는 웹사이트와 신문을 갖고 있습니다. 그러나 성령은 우리가 다가올 시대가 어느 정도, 어떤 면에서 이미 시작되었음을 볼 수 있게 해줍니다. 따라서 우리는 현재에 속한 것이 아닙니다. 우리는 다가올 시대에 속해 있습니다. 우리는 근본적으로 다가올 시대에 속해 있습니다. 신약 성경에 나오는 표현을 빌리자면, 하나님의 나라에 속해 있거나, 어떤 사람들은 오히려 하나님의 통치에 속해 있다고 표현하기도 합니다. 우리는 현재를 살아가면서도 미래에 속해 있습니다. 아마도 그것은 좀 더 간단한 표현일 것입니다.

골로새서 2장 12-13절과 골로새서 3장 1-4절에 나오는 예를 살펴보겠습니다.

"너희가 세례로 그리스도와 함께 장사되고 또 죽은 자들 가운데서 그를 일으키신 하나님의 역사를 믿음으로 말미암아 그 안에서 함께 일으키심을 받았느니라 또 범죄와 육체의 무할례로 죽었던 너희를 하나님이 그와 함께 살리시고 우리의 모든 죄를 사하시고"(골 2:12-13)

바울은 계속해서 이렇게 말합니다.

"그러므로 너희가 그리스도와 함께 다시 살리심을 받았으면 위의 것을 찾으라 거기는 그리스도께서 하나님 우편에 앉아 계시느니라 위의 것을 생각하고 땅의 것을 생각하지 말라 이는 너희가 죽었고 너희 생명이 그리스도와 함께 하나님 안에 감추어졌음이라 우리 생명이신 그리스도께서 나타나실 그 때에 너희도 그와 함께 영광 중에 나타나리라"(골 3:1-4)

   지금 여러분은 문자 그대로 육체적으로 죽은 것이 아니라, 세례를 통해 그리스도와 연합하는 영의 능력으로 죽은 것입니다. 여러분은 현세에 죽었고, 다가올 세상에서 살아나게 되었습니다. 그러나 현 시대의 역동성에 따르면, 우리는 결코 죽지 않았습니다. 저는 아주 생생하게 살아 있습니다. 긴장감을 느낄 수 있습니까? 이처럼 바울이 본문에서 이야기하는 중첩된 의미를 느낄 수 있으며, 이는 실제로 우리 기독교 제자들이 복음을 실천하려는 열망과 그리스도에 대한 헌신 속에서 존재하는 것입니다.

   그러므로 세 번째 요점은 이것입니다. 오늘날 우리의 예배는 같은 긴장 속에서 이루어집니다. 교회로서 우리가 현재에 한 발을 두고 미래에 한 발을 두고 사는 사람들인 경우, 어떻게 다른 방식이 가능할 수 있을까요? 우리가 예배를 위해 모일 때, 그 예배의 일부가 여전히 이 시대에 속하고 일부가 미래에 속하는 것이 어떻게 다른 방식이 될 수 있을까요?
   물론, 여러분은 다가올 시대에 속하는 진리와 힘을 느낄 수 있기를 바랍니다. 우리의 예배도 마찬가지입니다. 예배는 중간에 있는 활동이라고 말씀드리고 싶습니다. 예배는 현재에 있지만, 현재에 속하지는 않습니다. 따라서, 그것은 현재의 지구의 역동성과 현재의 시간과 관련이 있지만, 그 자체의 일부는 아닙니다. 예배는 아침 11시에 시작될 수 있지만, 실제로 예배는 다가올 시대의 시간입니다. 11시는 시간 표시의 한 체계에 속합니다. 예배가 실제로 존재하는 시간과 충만함의 측면에서 볼 때, 예배는 다른 시대에 속합니다. 예배는 근본적으로 다가올 시대, 하나님의 나라, 하나님의 통치에 속합니다. 따라서 예배는 다가올 시대를 드러내는 중요한 시간입니다.

제가 말하고자 하는 것은 예배가 계시라는 것입니다. 즉, 오늘날 우리의 예배는 미래를 예견하고 드러내야 한다는 것입니다. 예배는 과거에 대해서만 생각하고 반성하는 것이 되어서는 안 됩니다. 하나님께서 무엇을 하셨는지, 예수님이 돌아가신 것이 얼마나 놀라운 일인지 생각해 보시기 바랍니다. 그만큼 놀라운 일입니다. 그러나 오늘날의 예배는 미래를 예상하고 드러내야 합니다. 앞으로 일어날 일에 대해 이야기해야 합니다. 그리고 그 미래를 어떤 예비적인 방식으로 드러내야 합니다. 오늘날의 예배는 다가올 시대를 드러내야 합니다.

또 다른 비유나 비유를 하나 더 드리겠습니다. 제가 어렸을 때, 어머니는 케이크를 굽는 것을 좋아하셨습니다. 그리고 큰 그릇을 가져다가 케이크 반죽을 그릇에 넣고 전기 거품기를 사용해서 잘 섞으셨습니다. 전기 거품기를 본 적이 있다면, 그 모양이 정말 이상하게 생겼다는 것을 아실 것입니다. 실제로 아래로 내려가는 거품기가 두 개 있습니다. 거품기마다 네 개의 갈래가 있고, 반죽을 아주 잘 휘젓습니다. 엄마는 반죽을 저으셨습니다. 그리고 그 반죽을 케이크 틀에 붓고 예열된 오븐에 넣고 구웠습니다. 그리고 엄마는 전기 주방 기기에서 거품기를 꺼내 저에게 건네주셨습니다. 거품기에는 여전히 케이크 반죽이 묻어 있었습니다. 그리고 엄마는 "레스터, 먹어라. 네가 먹으라고 가져온 거야. 네 간식이다."라고 말씀하셨습니다. 나는 믹서에 묻은 케이크 반죽을 핥아 먹곤 했습니다.

케이크 반죽을 핥아 먹을 때, 제가 실제로 케이크를 먹고 있는 것인가요, 아닌가요? 이 질문은 중간에 해당하는 질문입니다. 예, 나는 케이크를 먹고 있었습니다. 왜냐하면 엄마가 오븐에 넣은 것과 같은 반죽이었기 때문입니다. 그러나 나는 최종 형태가 아닌 케이크를 먹고 있었습니다. 타이머가 울리고 엄마가 케이크를 꺼낼 때, 그것이 미래에 있을 모습이었기 때문입니다. 저는 케이크를 먹고 있었습니다. 사실입니다. 그러나 저는 케이크의 완성된 최종 형태로 먹지 않았습니다.

이 이야기가 현대 예배가 무엇인지에 대한 이해를 돕기를 바랍니다. 현대 예배는 예배의 전부가 아닙니다. 우리가 지금 드리는 예배는 미래의 최종 형태가 아니더라도 미래에 어떤 것이 있을지 맛볼 수 있게 해줍니다.

목표가 무엇인지 설명해 드리겠습니다. 골로새서 3장에 나오는 말씀입니다. 이 말씀은 교회에 대한 권고로 쓰인 것 같지만, 우리가 미래를 향해 나아갈 때 우리가 해야 할 일입니다. 그것은 현재에 대한 한 가지 수준의 이야기일 뿐입니다. 그러나 저는 골로새서 전체의 주제로 볼 때, 바울이 실제로 오늘날 우리가 경험하게 될 미래의 예배를 제시하고 있다고 생각합니다. 그는 이렇게 썼습니다. "그러므로 너희는 하

나님이 택하사 거룩하고 사랑 받는 자처럼 긍휼과 자비와 겸손과 온유와 오래 참음을 옷 입고"(골 3:12)

바울은 그보다 앞의 몇 구절에서 이미 골로새의 그리스도인들에게 그리스도의 부활로 인해 생겨난 새로운 인성을 입으라고 요청했습니다. 여기서는 "자비로 옷을 입으라"고 말하고 있습니다. 저는 그가 부활하신 그리스도의 새로운 인성의 내적 품성, 윤리적 품성을 묘사하고 있다고 생각합니다. "자비, 친절, 겸손, 온유, 인내로 옷을 입으십시오." 이 말이 예수님의 말씀처럼 들리지 않습니까? "그리고 서로 참아 주십시오. 누구든지 다른 사람에게 불평할 것이 있으면, 주님이 여러분을 용서하신 것처럼 서로 용서하십시오. 무엇보다 모든 것을 완전한 조화로 묶어 주는 사랑으로 옷을 입으십시오."

이 사랑에 대한 논의는 단순히 그가 다가오는 부활의 새로운 인간성으로 자신을 옷 입히는 것에 대한 확장이나 다른 방식의 표현일 뿐이라고 생각합니다. 여러분은 지금 그 육체, 부활한 육체를 가지지 못합니다. 그러나 부활한 육체의 윤리는 지금 여러분의 것이 될 수 있습니다. 왜냐하면 그것은 부활하신 예수님의 품성과 성품이기 때문입니다. "긍휼과 자비와 겸손과 온유와 오래 참음을 옷 입고" 이것이 바로 바울이 말하고자 하는 것이라고 생각합니다.

"그리스도의 평강이 너희 마음을 주장하게 하라 너희는 평강을 위하여 한 몸으로 부르심을 받았나니 너희는 또한 감사하는 자가 되라 그리스도의 말씀이 너희 속에 풍성히 거하여 모든 지혜로 피차 가르치며

권면하고 시와 찬송과 신령한 노래를 부르며 감사하는 마음으로 하나님을 찬양하고 또 무엇을 하든지 말에나 일에나 다 주 예수의 이름으로 하고 그를 힘입어 하나님 아버지께 감사하라"(골 3:15-17)

만약 그리스도가 다시 오시고 하나님의 모든 계획이 완성되어 우리가 영원히 우리의 운명의 존재를 누리고 있을 때 영원한 활동이 어떤 것인지 알고 싶다면, 이 구절을 살펴보기 바랍니다. 우리가 무엇을 할 수 있을까요? 우리는 "주 예수 그리스도의 이름으로 모든 것을 행하며 하나님께 감사드릴 것"입니다. 이 구절은 바울이 1세기 콜로새교회 성도들에게 미래의 시대를 향해 나아가며 미리 기대하도록 격려하는 소망이라고 생각합니다. 가루를 섞은 반죽을 젓가락으로 핥아보십시오. 오븐에서 나오지 않은 케이크의 첫 맛을 느껴보십시오.

예배에서 사랑이 중심에 있다는 것을 깨달아야 합니다. 고린도전서 13장에 나오는 모두가 잘 아는 구절입니다. 바울은 이 구절에서 "나는 다양한 예배 활동에 참여할 수 있습니다. 방언을 할 수 있고, 예언의 능력을 가질 수 있습니다. 그리고 내가 가진 모든 것을 바칠 수 있습니다. 그러나 사랑이 없다면 아무것도 아닙니다. 나는 아무것도 얻지 못합니다."라고 말합니다.

고린도전서 13장 8절부터 끝까지를 읽어보면, 그가 미래에 대한 소망을 제시하고 있다는 것을 알 수 있습니다.

"사랑은 언제까지나 떨어지지 아니하되 예언도 폐하고 방언도 그치고 지식도 폐하리라 우리는 부분적으로 알고 부분적으로 예언하니 온전한 것이 올 때에는 부분적으로 하던 것이 폐하리라 내가 어렸을 때에는 말하는 것이 어린 아이와 같고 깨닫는 것이 어린 아이와 같고 생각하는 것이 어린 아이와 같다가 장성한 사람이 되어서는 어린 아이의 일을 버렸노라"(고전 13:8-11)

본질적으로 그는 우리가 예배할 때 십대나 청년과 같은 시기에 있다고 말하고 있습니다. 우리는 더 이상 어린 아이는 아니지만, 앞으로 성인이 될 때처럼 완전히 성숙한 상태도 아닙니다. 바울은 계속해서 이렇게 말합니다.

"우리가 지금은 거울로 보는 것 같이 희미하나 그 때에는 얼굴과 얼굴을 대하여 볼 것이요 지금은 내가 부분적으로 아나 그 때에는 주께서 나를 아신 것 같이 내가 온전히 알리라 그런즉 믿음, 소망, 사랑, 이 세 가지는 항상 있을 것인데 그 중의 제일은 사랑이라"(고전 13:12-13)

그리고 사랑이 왜 가장 위대한 것일까요? 그것은 부활하신 그리스도를 특징짓는 특성 때문입니다. 그분은 미래의 시대에 나타날 새로운 인성의 모습을 보여주시기 때문입니다.

이것은 우리가 힘이나 영광스러운 환경에 지나치게 의존하는 것을 방지하는 데 도움이 됩니다. 일부 교회는 예배의 감동에 의존합니다. 예를 들어, 소리가 압도적이거나 예배 공간이 너무 화려하고 조명이 압도적이어서 미래가 어떤 모습일지 느낄 수 있도록 음향 시스템을 켜는 것을 보았습니다. 저는 그 것들이 나쁘다고 말하는 것이 아닙니다. 하지만 저는 여러분에게 권력과 영광이 미래를 특징짓는 유일한 것이 아니라는 것을 말하고 싶습니다. 사랑이 그렇습니다.

일부 교회들은 다가올 흐름을 예측하며 예배에서 영적인 힘의 감각을 지나치게 강조합니다. 전자 록 음악이나 파이프 오르간 음악도 이를 할 수 있으며, 예배 공간이나 환경에서 발생하는 압도적인 시각적 화려함 역시 마찬가지입니다. 그것은 받아들일 수 있습니다. 그러나 기독교 예배가 미래의 사랑과 정의, 그리고 의로움을 드러내는 필요성을 무시해서는 안 됩니다. 사운드 시스템을 켜거나 오르간 페달을 밟는 것만이 복음 이야기의 끝을 예상할 수 있는 유일한 방법도 아니며, 그 방법을 가장 중요한 방법으로 삼아서도 안 됩니다. 오늘날 예배에서 그 결말을 예상하는 것처럼 말입니다.

우리의 예배는 사랑으로 충만해야 합니다. 그리고 우리는 정의롭고 의로운 예배를 지향해야 합니다. 하나님의 공의와 의로움이 다가올 시대를 특징짓는 것이므로, 우리의 예배는 이러한 것들을 드러내야 합니다.

의롭고 정의로운 예배는 예수 그리스도의 부활이 가져온 새로운 인류의 소망에 의해 추진되어야 합니다. 제가 여기에서 요약한 세 구절이 서로 관련되어 있다는 점에 주목하시기 바랍니다. 이 구절들은 우리가 현재 일반적으로 사용하는 분류를 초월하는 새로운 인류의 비전을 보게 되면 곧 분명해질 것입니다.

갈라디아서 3장 27-28절에 다음과 같이 말합니다. "누구든지 그리스도와 합하기 위하여 세례를 받은 자는 그리스도로 옷 입었느니라 너희는 유대인이나 헬라인이나 종이나 자유인이나 남자나 여자나 다 그리스도 예수 안에서 하나이니라." 그는 고린도전서 12장 13절에서 새로운 인류에 대한 같은 비전을 분명히 밝히고 있습니다. "우리가 유대인이나 헬라인이나 종이나 자유인이나 다 한 성령으로 세례를 받아 한 몸이 되었고 또 다 한 성령을 마시게 하셨느니라" 그리고 마지막으로, 골로새서 3장 10-11절에서 이렇게 말합니다.

"새 사람을 입었으니 이는 자기를 창조하신 이의 형상을 따라 지식에까지 새롭게 하심을 입은 자니라 거기에는 헬라인이나 유대인이나 할례파나 무할례파나 야만인이나 스구디아인이나 종이나 자유인이 차별이 있을 수 없나니 오직 그리스도는 만유시요 만유 안에 계시니라"

즉, 우리는 예배에서 정의와 공의가 드러나도록 주의해야 합니다. 신약 성경에 정의가 이루어지지 않은 예가 있습니다. 야고보서 2장 1-5절에 나오는 예입니다.

"내 형제들아 영광의 주 곧 우리 주 예수 그리스도에 대한 믿음을 너희가 가졌으니 사람을 차별하여 대하지 말라 만일 너희 회당에 금 가락지를 끼고 아름다운 옷을 입은 사람이 들어오고 또 남루한 옷을 입은 가난한 사람이 들어올 때에 너희가 아름다운 옷을 입은 자를 눈여겨 보고 말하되 여기 좋은 자리에 앉으소서 하고 또 가난한 자에게 말하되 너는 거기 서 있든지 내 발등상 아래에 앉으라 하면 너희끼리 서로 차별하며 악한 생각으로 판단하는 자가 되는 것이 아니냐 내 사랑하는 형제들아 들을지어다 하나님이 세상에서 가난한 자를 택하사 믿음에 부요하게 하시고 또 자기를 사랑하는 자들에게 약속하신 나라를 상속으로 받게 하지 아니하셨느냐"(약 2:1-5)

네 번째 요점은 요한계시록에 나오는 예배를 고려해야 한다는 것입니다. 그곳에서 통찰력을 얻을 수 있습니다. 미래 예배에 대한 감각을 얻으려면 요한계시록을 살펴봐야 합니다. 그러면 모든 사람이 누군가 또는 무언가를 예배할 것인지에 대한 것을 알 수 있습니다. 예배할지 말지의 문제가 아닙니다. 그 대상이 누구인지, 예수 그리스도 안에서 드러난 하나님이신지 아닌지가 문제입니다.

예배는 궁극적이고 영원하며 중요한 충성의 문제입니다. 심지어 정치적 역학도 있습니다. 요한계시록이 그리는 그림이 바로 그렇습니다. 요한계시록에서 예배는 오늘날 세상에서 올바르게 살기 위한 중요한 예배로 분류됩니다.

예배는 하늘의 중심 활동이기도 합니다. 여러 번 반복해서 보게 될 것입니다. 미래의 중심 활동이 될 것입니다. 그리고 이 예배는 하나님을 찬양하고 경배하는 데 중점을 둡니다. 그리고 이 하늘의 예배, 미래의 예배는 찬양으로 이루어집니다.

예배는 예수 그리스도를 통해 보여지고 성취된 하나님의 성품과 활동에 대한 응답입니다. 즉, 하늘과 미래에 대한 예배조차도 과거에 행하신 하나님의 위대한 행적과 예수 그리스도 안에서 행하신 현재를 기억하는 데 기초를 두고 있습니다. 예배는 예배의 대상을 존중하고 인정하는 신체적 자세를 포함하여 개인의 전 인격을 포함하는 총체적인 반응입니다. 이 책을 읽어보면 예배자들이 몸으로 무언가를 하는 빈도가 얼마나 되는지, 자세를 취하거나 신체적으로 하나님께 무언가를 바치는 빈도가 얼마나 되는지 알 수 있습니다.

예배는 또한 악에 대해, 하나님의 승리에 대한 희망적이고 즐거운 반응이며, 그 승리는 이미 시작되었습니다. 우리는 하나님의 좋은 때에 이 승리가 완성될 것을 기대합니다. 승리는 이미 시작되었습니다. 현재에도 우리는 하나님께서 오븐에서 케이크를 꺼내시고 그분의 모든 목적, 미래에 대한 그분의 완전한 승리를 성취하실 것을 기대하면서 반죽을 맛보게 합니다.

그리고 마지막으로 예배는 포괄적이라는 것을 주목하시기 바랍니다. 예배는 전 세계를 포함합니다. 요한계시록 7장에는 모든 민족과 족속과 백성과 방언에서 나온 큰 무리가 참여했다고 나와 있습니다. 이것은 예배가 단지 나의 예배가 아니라는 또 다른 증거입니다. 여러분의 교회 성도들의 예배도 단지 그들만의 예배가 되어서는 안 됩니다. 여러분의 교인들이 예배를 드리기 위해 모일 때, 그들은 실제로 전 세계와 현재와 미래의 하늘과 땅을 포함하는 무언가에 참여하는 것입니다.

## 요약

우리의 예배 내용은 미래, 특히 예수 그리스도의 재림과 부활을 기억하는 것을 포함해야 합니다. 예배에서 말하는 내용이 예배자들에게 기대감이나 갈망을 불러일으키고 있나요? 과거나 현재에 대해서만 이야기한다면, 예배자들이 미래를 바라보게 만들지 못할 것입니다.

둘째, 교회는 현재 시대의 흐름에 맞추어 예배를 진행하는 것에 대해 주의해야 합니다. 제가 말하는 것은 현재의 역동성을 기념하는 특별한 주일을 의미합니다. 예를 들어, 미국에서는 독립기념일인 7월 4일이나 어머니의 날을 강조하는 것이 일반적입니다. 이러한 행사에 대한 예배가 있습니다. 그것은 허용됩니다. 그것들을 인정하고 존중하는 것은 목회적인 일입니다. 그러나 예배는 미래와 다가올 시대로 나아가야 합니다. 현재의 시대나 현재의 것들에 국한되어서는 안 됩니다.

셋째, 주일은 미래의 상징으로서 특히 중요하다는 것을 인식해야 합니다. 그리스도인들은 주일에 예배를 드렸습니다. 왜냐하면 주일은 부활의 날이기 때문입니다. 그들은 예수 그리스도의 부활을 되돌아보는 것뿐만 아니라 예수 그리스도께서 다시 오실 때 자신들의 부활을 기대했기 때문입니다.

세례와 성찬은 과거뿐만 아니라 미래와도 연결되어 있습니다. 그들은 개별적이고 개인적인 것이 아니라 우주적인 차원의 하나님의 일과 연결되어 있습니다. 그들은 이 시대의 물과 음식을 사용하지만, 이 시대의 것이 아닙니다. 그들은 실제로 우리를 미래와 연결합니다. 주의 만찬에서 세례를 받는 것처럼, 저는 여러분에게 케이크가 어떤 맛일지 미리 맛보기를 제안하고 싶습니다.

마지막으로, 의심스러울 때는 성령으로 충만해지고 서로 사랑하시기 바랍니다.

마지막으로, 예배를 미래로 통하는 창으로 생각해 보겠습니다. 여기에서 저는 로버트 젠슨(Robert Jensen)의 멋진 인용구를 활용하고자 합니다. 거의 20년 전, 그는 이렇게 썼습니다. "교회 밖에서는 에스카톤(Eschaton, 종말, 이야기의 끝)에 대한 전체적인 비전이 사라지고 있습니다." 그는 지금의 세계는 실제로 아무 데도 가지 않는다고 말할 것입니다. 그것은 단지 서로를 빙빙 돌고 있을 뿐입니다. 그러나 교회의 시간은 끝이 보입니다. 그것이 그가 말하는 것입니다. 젠슨은 계속해서 이렇게 말합니다.

"그러므로 신자들의 모임은 우리가 앞으로 일어날 일을 볼 수 있는 사건이어야 합니다. 어떤 모임이나 어떤 것이든 관련성이 있기를 원한다면, 그 모임은 계시록의 비전을 공유하는 모임이어야 합니다. 교회에 가는 것은 우리가 운명을 볼 수 있는 곳, 우리에게 앞으로 일어날 일을 볼 수 있는 곳으로 가는 여정이 되어야 합니다."